ÉTAT ACTUEL

DES

MAISONS SOUVERAINES,

PRINCES ET PRINCESSES

DE L'EUROPE.

Contenant : 1º. *Leurs noms et prénoms, la date de leur naissance, celle de leur mariage, les noms et prénoms de leurs épouses, la date de leur naissance, les noms et prénoms, date de naissance de leurs enfans.*

2º. *Un tableau statistique de leurs états, leur population, revenu, et le nombre d'hommes qu'ils peuvent mettre sur pied en tems de guerre.*

3º. *Leurs différentes pièces de monnaie, comparées à celles de France.*

4º. *La nomenclature de tous les ordres de chevalerie, tant civils que militaires, existans en Europe, avec la date de leur institution et le nom des princes qui les ont fondé.*

5º. *Les descentes mémorables faites en Angleterre; les lieux les plus remarquables dans la géographie et l'histoire de ce royaume.*

6º. *Les traités de paix les plus célèbres de l'histoire de France, ect. ect. ect.*

Déposé à la Bibliothèque Impériale.

Les Contrefacteurs seront poursuivis.

Chaque exemplaire sera signé de l'Auteur.

Nota. Cet Ouvrage prendra à l'avenir le titre d'*Almanach Généalogique des Maisons Souveraines, Princes et Princesses de l'Europe* ; il paraîtra chaque année, et contiendra pour l'an prochain les Portraits de l'Empereur, de l'Impératrice et de la famille impériale de France.

ÉTAT ACTUEL

DES

MAISONS SOUVERAINES,

PRINCES ET PRINCESSES

DE L'EUROPE.

Par M. VITON.

An 14.

A PARIS,

Chez
{
L'Auteur, Rue d'Orléans St. Honoré,
n°. 28.
Arthus Bertrand, Libraire, quai
des Augustins, n°. 35.
Debray, Libraire, rue Saint-Honoré,
Barrière des Sergens.

Et chez les principaux Libraires de France.

ÉTAT ACTUEL

DES

MAISONS SOUVERAINES,

DE L'EUROPE.

FRANCE.

Napoléon, né le 15 août 1769, Empereur des Français et Roi d'Italie, sacré et couronné à Paris le 11 frimaire an 13 (2 déc. 1804), sacré et couronné Roi d'Italie , à Milan , le 6 prairial an 13 (26 mai 1805) ; marié le 18 ventôse an 4 (8 mars 1796) à

JOSÉPHINE TASCHER DE LA PAGERIE, née le 24 juin 1758, sacrée et couronnée Impératrice des Français le 11 frimaire an 13 (2 décembre 1804) ; sacrée et couronnée Reine d'Italie, à Milan, le 6 prairial an 13 (26 mai 1805).

Frères.

1. Napoléon Joseph, Prince français, frère de l'Empereur, grand électeur de l'empire, né le 5 fév. 1768, marié le 3 vendé. an 3 (24 sept. 1794) à

Marie-Julie Clary, née le 26 déc. 1777.

De ce mariage :

1. Charlotte - Zénaïde - Julie, née le 19 messidor an : (8 juillet 1801).

2. Charlotte, née 9 bru. an 11 (31 oct. 1802).

2. Louis, Prince français, frère de l'Emper. connétable de l'empire, colonel-général des carabiniers, né le 4 sept. 1778, marié le 13 niv. an 10 (3 janv. 1802) à

Hortense - Eugénie de Beauharnois, née le 10 avril 1783, fille de l'Impératrice.

De ce mariage :

1. Napoléon-Charles, né le 18 vendémiaire an 11 (10 octobre 1802).

2. Napoléon-Louis, né 19 vendém. an 13 (11 oct. 1804). ### Sœurs.

1. Eliza, Princesse de Luque et de Piombino, sœur de l'empereur, née le 3 janv. 1777, mariée le 16 flor. an 5 (5 mai 1797) à

Felix de Baciocchi, Prince de Luque et de Piombino, né le 18 mai 1762.

2. Marie-Paulette, Princesse de Borghèse, sœur de l'empereur, née le 2 avr. 1782, mariée en secondes nôces le 10 fruct. an 11 (28 août 1803) à

Camille, Prince de Borghèse, né le 8 août 1775.

3. Annunciade-Caroline, Princesse, sœur de l'empereur, née 25 mars 1783, mariée le 30 niv. an 8 (21 janv. 1800) à

Joachim Murat, Prince et maréchal de l'empire, grand amiral de France, gouverneur de Paris, né le 25 mars 1771.

Mère.

Madame, mère de l'empereur, née le

Grands dignitaires de l'empire.

S. A. I. Mgr. le grand-électeur, Pr. Joseph.

S. A. I. Mgr. le connétable, Pr. Louis.

S. A. S. Mgr. l'archi-chancelier de l'empire, Cambacérès.

S. A. S. Mgr. l'archi-trésorier de l'empire, Lebrun, gouverneur-général de Gênes.

S. A. S. Mgr. le grand-amiral, Pr. Murat.

S. A. S. Mgr. l'archi-chancelier d'état, Pr. Eugène Beauharnois, fils de l'impératrice, vice-roi d'Italie.

ALLEMAGNE.

Anhalt-Dessau. (Rel. réform.).

Pr. Léopold-Frédéric-François, né 10 août 1740, succède à son père le 16 déc. 1751, mar. 25 juil. 1767 à Louise Henriette-Wilhelmine, fille de Henry, margrave de Brandebourg-Schwedt.

Fils.

Frédéric, pr. héréd. né 27 déc. 1769, m. 12 juin 1792 à Christine-Amélie, pr. de Hesse-Hombourg.

Enfans.

1. Amélie-Auguste, née 18 août 1793.
2. Léopold-Frédéric, né 1 oct. 1794.
3. Georges Bernard, né 21 fév. 1796.
4. Louise-Frédérique, née 1 mars 1798.
5. Frédéric-Auguste, né 23 sept. 1799.

Frères.

1. Jean-Georges, né 28 janv. 1748, général d'infanterie au service de Prusse.
2. Albert, né 22 avril 1750, veuf de Henriette-Caroline-Louise, comtesse de Lalippe-Weissenfeld, le 27 mars 1795.

Anhalt-Bernbourg. (Rel. réform.).

Pr. Alexis-Frédéric-Christian, né 12 juin 1767, succ. à son père le 9 avril 1796, marié 29 nov. 1794 à la pr. Frédérique, fille de Guillaume, électeur de Hesse.

Fille.

Wilhelmine-Louise, née 30 oct. 1799.

Sœur.

Pauline-Christine-Wilhelmine, née 23 fév. 1769. *Voyez* Lippe-Detmold

Tantes.

1. Frédérique-Auguste-Sophie, née 28 août 1774. *Voyez* Anhalt-Zerbest.

2. Christine-Elisabeth-Albertine, née 14 nov. 1744. *Voyez* Schwarzbourg-Sondershausen.

Anhalt-Bernbourg-Schaumbourg.
(Relig. réform.).

Pr. Charles-Louis, né 16 mai 1723, m. 16 d. 1765 à Amélie-Eléonore, fille de Frédéric Guillaume, pr. de Solms-Braunfels.

Fils.

Victor-Charles-Frédéric, né 2 nov. 1767, m. 29 oct. 1793 à Charlotte-Louise-Wilhelmine, fille du prince Charles de Nassau-Weilbourg.

Enfant.

Adélaïde, née 23 fev. 1800.

Enfans du frère pr. François-Adolphe et de Marie-Josephe, comtesse de Haslingen.

1. Frédéric-François-Joseph, né 1 mars 1769.

2. Victoire - Amélie - Ernestine, née 11 fév. 1772, m. au comte de Wimpsen.

Frère du deuxième lit, avec Hedwige-Sophie, comtesse de Henkel-Donnersmarc.

Frédéric-Louis-Adolphe, né 29 nov. 1741, feld-maréchal de l'empire.

Douairière du frère de ce dernier, le pr. Victor-
Amédée.

Madeleine, fille de Frédéric Guillaume, pr.
de Solms-Braunfels, veuve le 2 mai 1790.

Anhalt-Cœthen. (Rel. réform.).

Pr. Auguste-Chrétien Frédéric, né le 8 nov.
1769, succ. à son père le 17 oct. 1789, marié le
9 fév. 1792 à Caroline Frédérique, fille de
Frédéric Auguste, pr. de Nassau-Vsingen.

Veuve du frère le prince Louis

Louise, fille de Louis X, landgr. de Hesse-
Darmstadt, veuve 16 sep. 1802.

Fils.

Louis, né 20 sept. 1802.

Mère.

Louise-Charlotte Frédérique, fille de Frédéric, duc de Holstein-Glücksbourg, douairière du pr. Charles-Georges Lebrecht, le 17
oct. 1789.

Enfans de l'oncle le prince Frédéric Erdmann et de
Louise, comtesse de Stolberg-Wernigerode.

1. Emmanuel-Ernest Erdmann, né 9 janv.
1768.

2. Frédéric Ferdinand, possesseur de la seigneurie de Pless dans la Haute-Silésie, colonel
au service de Prusse, né 25 juin 1765; veuf 24
nov. 1803 de Marie-Dorothée-Henriette Louise,
fille de Frédéric, duc de Hoistein-Beck.

3. Anne Émilie, née le 20 mai 1770, m. 20
mai 1791 à Jean Henri VI, comte de Hochberg-
Fürstenstein.

4. **Henry**, né le 30 juill. 1778 , capit. au service de Prusse.

5. **Chrétien-Frédéric**, né le 25 nov. 1780, capit. au service de Prusse.

6. **Louis**, né le 16 août 1783.

Anhalt-Zerbest. (Rel. réform.).

Douairière de Frédéric-Auguste, dernier prince de cette maison.

Frédérique-Auguste Sophie, fille de Victor Frédéric, pr. d'Anhalt-Bernbourg, douairière, née 3 mars 1763.

Anspach. *Voyez* Brandebourg-Anspach.

Archi-Chancelier de l'empire d'Allem. (Rel. cathol.).

Electeur, Charles Théodore, archevêque et pr. de Ratisbonne, de la famille des Barons de Dalberg, né 8 février 1744 ; élect. et pr. de Ratisbonne 27 av. 1803.

Aremberg. (Cathol.).

Duc, Prosper Louis, né 28 avr. 1785, succ. par cession de son père au mois de sept. 1803.

Frères et sœurs.

1. **Pauline Charlotte**, née 2 sept. 1774 ; voy. Schwarzenberg.

2. **Philémon-Paul-Marie**, né 10 janv. 1788.

3. **Pierre-d'Alcantara Charles**, né 20 oct 1790.

4. **Philipe Joseph**, né 4 oct. 1794.

Parens.

Duc, Louis Engelbert, né 3 août 1750, cédé
la régence à son fils au mois de septembre 1803;
marié 9 janv. 1773 à Pauline-Louise-Antoinette
Candide, fille de Léopold, comte de Lauragais,
duc de Brancas, né 23 novembre 1755.

Oncle et tantes.

1. Marie-Françoise-Léopold Caroline, né 31
juil. 1751, veuve au mois de fév. 1802 de Joseph
Nicolas, comte de Windischgraetz.

2. Marie Flore, née 25 juin 1752, mariée le
18 avr. 1771 à Guillaume, duc d'Ursel.

3. Auguste-Marie Raymond, comte de la
Marck, né 30 août, marié 23 nov. 1774 à Marie-
Françoise Ursule, marquise de Cernay.

Fils.

Ernest Engelbert, né 25 mai 1777, marié en
1790 à Thérèse, fille de Joseph-Nicolas, comte
de Windischgraetz.

4. Marie-Louise Françoise, née 25 juin 1764.
Voyez Starhemberg.

*Fille de l'oncle le prince Louis-Marie et d'Anne-
Adélaïde Julie, fille de Louis Joseph, comte de
Mailly, marquis de Nesle.*

Amélie Louise, née 10 avril 1789.

Grand'mère.

Louise Marguerite, comtesse de la Marck,
née 10 juillet 1730, douairière du duc Charles,
le 17 août 1778.

Auersberg. (Cathol.).

Pr. Guillaume, né 9 août 1749, succ. à son père Joseph Charles Ant., en oct. 1800, marié 10 fév. 1776 à Léopoldine Françoise, comtesse de Valdstein, née 8 août 1761.

Enfans.

1. Marie-Josephe, née 15 janvier 1771.
2. Sophie-Régine, née 7 sept. 1780.
3. Guillaume, né 12 janvier 1782.
4. Marie-Thérèse, née 17 août 1783.
5. Charles, né en 1786.
6. Vincent, né 9 juin 1790.

Frères et sœurs.

1. Marie-Françoise, née 30 juin 1745, mariée en secondes noces à Georges, comte de Scheltown 17 mai 1789.
2. Charles, né 21 octobre 1750, général F. M. L. de l'empereur, a pris le titre d'*Auversberg Trautson* après avoir succédé dans les possessions de la maison éteinte de *Trautson*, marié 2 oct. 1776 à Marie-Josephe, pr. de Lobkowitz.
3. Marie-Aloyse, née 20 nov. 1762. *Voyez* Oettingen-Spielberg.
4. Vincent, né 21 août 1763.

Oncles et tantes.

1. Marie-Antoinette, née 30 sept. 1739, veuve du comte Gundaccard de Vurmbrand, le 10 mai 1791.
2. Marie-Anne, née 26 avril 1743, mariée 23 nov. 1760 au comte Joseph Wenceslas de Worben.

B

3. Jean-Baptiste, né le 28 fév. 1845, chanoine du chapitre de Passau et d'Olmütz.

4. Aloys, né. 20 mars 1747.

5. François Xavier, né 10 juin 1749, général maj. au service de l'empereur d'Allemagne.

Autriche. (Cath.).

François II, né 12 fév. 1768, roi de Hongrie et de Bohême, empereur d'Allemagne le 14 juillet 1792, empereur d'Autriche le 11 août 1804, veuf 19 février 1790, d'Elizabeth-Wilhelmine-Louise de Wirtemberg, *remarié* 19 septembre de la même année à

Marie-Thérèse, princesse de Naples et de Sicile, née 22 juin 1772, impératrice, reine de Hongrie et de Bohême.

Enfans.

1. Marie-Louise, née 21 déc. 1791.

2. Ferdinand - Charles - Léopold - François-Joseph-Crescentius, prince impérial, né 19 avril 1793.

3. Léopoldine-Caroline-Josephe, née 22 janv. 1797.

4. Marie - Clémentine - Françoise - Josephe, née premier mars 1798.

5. Joseph-François Léopold, né 9 avr. 1799.

6. Caroline-Ferdinande-Josephe-Démétrie, née 8 avr. 1801.

7. François-Charles-Joseph, né 7 déc. 1802.

8. Marie-Anne-Françoise, née 8 juin 1804.

Frères et sœurs.

1. Marie-Thérèse-Josephe-Charlotte-Jeanne, née 14 janv. 1767. *Voyez* Saxe.

2. Ferdinand-Joseph-Jean, ci-devant grand duc de Toscane, et actuellement électeur de Salzbourg, né 6 mai 1769, veuf 19 sept. 1802 de Louise-Amélie-Thérèse, fille de Ferdinand IV, roi des deux Siciles. *Voyez* Salzbourg.

3. Marie-Anne-Ferdinande-Josephe-Charlotte-Jeanne, née 21 avril 1770, princesse-abbesse du chapitre de Prague en 1791.

Charles-Louis, né 5 septembre 1771. (*Le prince Charles*).

5. Joseph-Antoine, palatin du royaume de Hongrie, né 9 mars 1776, veuf le 16 mars 1801 de Alexandra Paulowna, grande duchesse de Russie.

6. Antoine-Victor-Joseph, né 31 août 1779, grand maître de l'ordre Teutonique.

7. Jean-Baptiste-Joseph-Fabien-Sébastien, né 20 janv. 1782.

8. René-Jean-Michel-François-Jérôme, né 30 sept. 1783.

9. Louis-Joseph-Jean, né 14 déc. 1784.

10. Rodolphe-Jean-Joseph René, né 8 janvier 1788.

Oncle et tantes.

1. Marie-Élisabeth, née 13 août 1743, abesse du chapitre d'Inspruck, 20 mai 1761.

2. Marie-Caroline, née 15 août 1752. *V.* Sicile.

3. Ferdinand, duc de Brisgaw, né premier
juin 1754. *Voyez* Brisgaw.

Bade. (Luth.).

Électeur, Charles-Frédéric, né 22 nov. 1728,
margrave de Bade-Dourlac 12 mai 1738; de
Bade-Bade 21 oct. 1771, élevé au rang d'électeur le 27 av. 1803 marié 22 janv. 1751 à Char-
lotte-Louise de Hesse-Darmstadt, veuf 8 avril
1783; remarié 24 novembre 1787 à Louise-Caroline, comtesse de Hochberg, née Geyer de
Geyersberg le 26 mai 1768.

Enfans du premier lit.

1. Frédéric, né 29 août 1756, génér. maj.
du cercle de Souabe, marié 10 déc. 1791 à Christiane - Louise, fille de Frédéric, prince de
Nassau-Usingen, née 16 août 1776.

2. Louis-Auguste-Guillaume, né 9 fév. 1763.

Enfans du prince héréditaire Charles-Louis.

1. Catherine-Amélie-Christine-
Louise.

2. Frédérique - Wilhelmine-
Caroline. V. Palatinat et Bavière.

} nées
13 juillet
1776.

3. Louise-Marie-Auguste-Élizabeth-Alexie-
wna, né 24 janvier 1779. V. Russie.

4. Frédérique-Dorothée-Wilhelmine, née 12
mars 1781. V. Suède.

5. Marie-Élizabeth-Wilhelmine, née 7 sep.
1782. V. Brunswick-Wolfenbuttel.

6. Charles-Louis Frédéric, pr. électoral, ne

8 juin 1786, lieut. génér. au service de Russie.

7. Wilhelmine-Louise, née 10 sept. 1788.
V. Hesse-Darmstadt.

Douairière du prince héréditaire Charles-Louis.

Amélie-Frédérique, née 10 juin 1754, fille de Louis IX, landgrave de Hesse - Darmstadt, veuve 16 déc. 1801.

Enfans du deuxième lit, qui portent le titre de comtes et comtesses de Hochberg.

1. Charles-Léopold Frédéric, né 29 août 1790.

2. Guillaume-Auguste-Frédéric, né 8 avril 1792.

3. Amélie-Christine-Caroline, née 26 janvier 1795.

4. Maximilien-Frédéric-Jean-Ernest, né 9 déc. 1796.

Bavière. *Voyez* Palatinat et Bavière.

Bohême. *Voyez* Autriche.

Brandebourg-Bareuth. (Luth.).

Douairière du margrave Frédéric.

Sophie-Caroline-Marie, fille de Charles, duc de Brunswick-Wolfembutel, veuve le 16 fév. 1763.

Brandebourg - Ansp. et Bareuth. (Luth.).

Margrave, Chrétien - Frédéric - Charles-Alexandre, né 24 février 1736, succède à son père dans le margraviat d'Anspach le 3 août 1757, et recueille en janvier 1769 celui de Bareuth à l'extinction du rameau de ce nom. Ce prince cède tous ses états en 1792 au roi de Prusse, l'aîné de sa maison, et vit aujourd'hui en Angleterre. Il a épousé en premieres noces, Frédérique-Caroline de Saxe Cobourg; et en secondes noces, le 30 août 1791, Élisabeth Berkeley, veuve de lord Crawen.

Bretzenheim. (Cath.).

Pr. Charles-Auguste, prince de l'empire depuis 1790; marié 27 avr. 1788 à Marie-Valpurge, fille du prince Antoine-Ernest d'Oettingen-Spielberg. *Filles.*

1. Léopoldine; née 18 déc. 1795.
2. Amélie, née 13 août 1797.
3. Caroline, née 13 nov. 1799.

Sœurs.

1. Comtesse Éléonore, née en 1770, mariée 21 nov. 1787 à Guillaume-Charles, comte régnant de Linanges-Guntersblum.
2. Comtesse Frédérique, née 9 déc. 1771; mariée en janv. 1796 à Maximilien, comte de Westerhold-Ginsenberg.

Brisgaw. (Cath.).

Duc Ferdinand, archi-duc d'Autriche, né premier juin 1754, marié 13 octobre 1771 à Marie-Ricciarde-Béatrice d'Est, fille et héritière du duc de Modène. Ce duché a été échangé entre le Brisgaw et l'Ortenaw par le traité de Lunéville.

Enfans.

1. Archi-duchesse Marie-Thérèse , née premier novembre 1773. *Voyez* Sardaigne.

2. Archi-duchesse Marie-Anne-Léopoldine , née 10 déc. 1776. V. Palatinat, branche de Neubourg.

3. Archi-duc François-Joseph-Jean , prince héréditaire , né 6 oct. 1779.

4. Archi-duc Ferdinand , né 25 avr. 1781.

5. Archi-duc Maximilien, chevalier de l'ordre Teutonique , né 14 juillet 1785.

6. Archi-duc Charles-Ambroise-Ferdinand , né 2 nov. 1784.

7. Archi-duchesse Marie-Louise-Béatrice , née 14 déc. 1787.

Frères , etc. V. Autriche.

Brunswick Lunébourg. *Voyez* Grande-Bretagne.

Brunswick Wolfembüttel. (Luth.).

Duc Charles-Guillaume Ferdinand, né 9 oct. 1735 , succ. à son père 26 mars 1780. Feld. maréchal du roi de Prusse. Marié 16 janv. 1764 à Auguste , sœur du roi d'Angleterre.

Enfans.

1. Charles-Georges-Auguste , pr. hérédit. , né 8 février 1766 ; marié 14 oct. 1790 a Frédérique-Louise Wilhelmine, fille du prince de Nassau-Dietz.

2. Caroline-Amélie-Élisabeth, née 17 mai
1763. V. Grande-Bretagne.

3. Georges-Guillaume-Chrétien, né 27 juin
1769.

4. Auguste, né 18 août 1770, major au service
d'Hanovre.

5. Guillaume-Frédéric, né 9 oct. 1771, gén.
maj. prus., heritier désigné de la principauté
d'Oels, marié le premier nov. 1802 à Marie-
Élisabeth-Wilhelmine, fille de Charles-Louis,
prince héréditaire de Bade.

Frères et sœurs.

1. Sophie-Caroline, née 8 oct. 1737. V. Brandebourg Bareuth.

2. Anne-Amélie, née 24 oct. 1739. V. Saxe-
Weimar.

3. Frédéric-Auguste, duc d'Oels, né 29 oct.
1740, veuf de Frédérique-Sophie-Charlotte-
Auguste, fille de Charles-Chrétien Erdmann,
duc de Wurtemberg-Oels, le 4 nov. 1789.

4. Élizabeth-Christine-Ulrique, né 8 nov.
1746, marié avec le roi de Prusse, Frédéric-
Guillaume II, le 1. juillet 1765, séparée en
1769. Cette princesse réside à Stettin.

5. Auguste-Dorothée, née 2 août 1749. Voy.
Gandersheim.

Fille du duc Antoine Ulric, oncle, et de la princesse
Anne de Mecklenbourg-Schwérin.

Catherine, né 26 juillet 1741.

Fils du grand-oncle, le duc Ernest-Ferdinand de
Brunswick-Bevern.

Frédéric-Charles Ferdinand, né 5 avr. 1729,

feld. maréc. au service de Danemarck. Marié
22 oct, 1782 à Anne - Caroline , princesse de
Nassau-Saarbrück et veuve de Frédéric-Henry
Guillaume , dernier duc de Holstein-Glücksbourg.

Clary. (Cath.).

Pr. Jean Népomuc , chambellan de l'emp. ,
né 17 déc. 1753 , marié 31 janv. 1775 à Marie-
Christine , fille de Charles , prince de Ligne.

Enfans.

1. Charles-Joseph , premier lieutenant au
service de l'emp. né 12 déc. 1777.
2. François-Maurice , né 21 sept. 1782.

Sœurs.

1. Marie-Sidoine , née 10 nov. 1748 , mariée
17 mai 1772 à Jean-Rodolphe , comte de Cho-
teck , né 17 mai 1749.
2. Marie-Christine , née 18 janv. 1775 , mariée
27 avril 1772 à Jean-Philippe , comte de Hoyos ,
né 6 sept. 1747.

Colloredo. (Cath.).

Pr. François Gundaccar , vice-chancelier de
l'empire , né 28 mai 1731 , marié en secondes
nôces 10 oct. 1797 ; à Marie-Josephe , fille du
comte François - Antoine de Schrattenbach ,
veuve du comte Jean-Joseph-François de Khevenhuller , né 15 juin 1750.

*Enfans du premier lit de Marie-Isabelle , princ.
de Fondi et comtesse de Mansfeld.*

1. Rodolphe-Joseph , chambellan de l'empe.

né 16 avril 1772, marié en 1794 à Philippine-Caroline, fille du comte Joseph-Antoine d'Oettingen Balderu, né 18 mai 1776.

2. Marie-Henriette, née 3 sept. 1773, mariée le 24 février 1794 à Emméric-Joseph-Philippe, comte d'Eltz.

3. Jérôme, né 30 mars 1775, chambellan et et colonel impérial.

4. Ferdinand, né 30 juillet 1777, chanoine du chapitre d'Ausbourg, ministre de Bohême à à la diete de l'Empire.

Frères et Sœurs.

1. Jérôme, né 31 mai 1732, prince archevêq. de Salzbourg, élu 14 mars 1772.

2. Joseph-Marie, né 11 sept. 1735, feld-maréchal au service impérial.

3. Wenceslas, né 15 octobre 1738, général de la cavalerie de l'Empire et commandeur de l'ordre Teutonique.

4. Marie-Gabriele, née 23 juin 1741, veuve de Jean, comte Palfy d'Erdœdi, 23 fev. 1791.

5. Marie-Thérèse, née 18 juillet 1774, veuve 25 juillet 1801 du comte Eugene Erwin de Schoenborn.

6. Caroline, née 14 février 1752, mariée 18 mai 1772 au comte Ferdinand de Trautmannsdorf.

Courlande. (Luth.).

Famille du duc Pierre, de la maison de Biren, qui céda le duché de Courlande à la Russie et mourut 13 janvier 1800.

Douairière.

Anne-Charlotte-Dorothée, née comtesse de Médem, née 3 février 1761.

Enfans.

1. Catherine-Frédérique-Willellemine-Bénigne, née 9 février 1781, duchesse de Sagan, mariée à Jules-Armand-Louis de Rohan-Guemené, 17 juil. 1800, né 20 oct. 1768.

2. Marie-Louise-Pauline, née 19 fév. 1782. *Voyez* Hohenzollern Hechingen.

3. Jeanne Catherine, née 24 juin 1783, mariée 18 mars 1801 au prince François Pignatelli de Bellemonte, duc d'Accerenza.

4. Dorothée, née 21 août 1793, propriétaire de la seigneurie de Wartemberg en Silésie.

Sœur.

Edvige-Elisabeth, née 24 juillet 1727, veuve d'Alexandre Iwanowitsch, baron de Tscher-cassow.

Enfans du frère le comte Charles de Biren et de la princesse Apollonia Poninska.

1. Gustave Calixte, né 29 janvier 1780.

2. Pierre-Alexis, né 21 février 1781.

3. Catherine, née 15 septembre 1792.

Danemarck. (Luth.)

Chrétien VII, né 29 janvier 1749, roi de Danemarck et de Norwège, succède à son père 14 m. 1766, veuf de Caroline Mathilde, fille du prince Frédéric Louis de Galles, 10 mai 1775.

Enfans.

1. Frédéric, pr. royal, né 28 janvier 1768, déclaré corégent de son père le 12 avril 1784, marié 31 juil. 1790 à Marie-Sophie-Frédérique, fille de Charles, prince de Hesse Cassel.

Filles.

1. Caroline, née 28 octobre 1793.
2. Louise Auguste, née 7 juillet 1771. *V.* Holstein-Sonderbourg-Augustembourg.

Sœurs du premier lit du Père du Roi, avec Louise, Princesse d'Angleterre.

1. Sophie - Madeleine, née 3 juillet 1746. *Voyez* Suède.
2. Wilhelmine Caroline, née 10 juil. 1747. *Voyez* Hesse, branche électorale.
3. Louise, née 30 janvier 1750. *V.* Hesse, branche électorale.

Frère du second lit.

4. Frédéric, né 11 oct. 1753, veuf de Sophie Frédérique, fille de Louis, prince de Mecklenbourg-Schwérin 29 nov. 1794.

Enfans.

1. Chrétien Frédéric, né 18 septembre 1786, colonel au service du Danemark.
2. Julie-Sophie, née 18 fév. 1788.
3. Louise-Charlotte, née 30 octobre 1789.
4. Frédéric Ferdinand, né 22 nov. 1792.

Dietrichstein. (Cath.)

Pr. Jean - Charles, né 27 juin 1728, succ. son père 24 octobre 1784, veuf de Marie

Christine - Josephe , fille de Jean-Joseph-Antoine , comte de Thun et Teschen , le 4 mars 1788.

Enfans.

1. François - Seraphin - Joseph , né 29 avril 1767 , marié 16 juillet 1797 à Alexandrine , comtesse de Schouvalow , née 19 déc. 1775.

Fils.

1. Joseph , né 28 mars 1798.
2. Marie-Thérèse, née 11 août 1768, mariée 27 août 1787, à Philippe, comte de Kinski, séparée.
3. Jean-Baptiste-Charles , chamb. de l'emp. né 31 mars 1772.
4. Maurice-Charles , chamb. et major impérial , né 19 février 1775 , marié 2 oct. 1800 à Thérèse, comtesse de Giulai.

Frères.

Comte, François de Paule-Charles , né 13 déc. 1731, chambellan de l'empereur , veuf de Charlotte, baronne de Reischach, le 12 octobre 1782.

Enfans.

1. Marie - Thérèse - Josephe , née 28 juillet 1771, mariée 2 juillet 1794 à Ernest-Christophe, comte de Harrach.
2. François-Xavier-Joseph, né 9 juillet 1774.

Dietz. *V.* Nassau Dietz.

Espagne. (Cath.)

Charles IV , né 11 nov. 1748 , roi d'Espagne et des Indes, succède à son père le 14 décembre

C

1788, marié le 4 sept. 1765 à Louise-Marie-Thérèse, princesse de Parme, née 9 déc. 1751.

Enfans.

1. Charlotte-Joachine, infante, né 25 avril 1775. *Voyez* Portugal.

2. Marie-Louise-Joséphine, infante, née 16 juillet 1782. *V.* Étrurie.

3. Ferdinand, prince des Asturies, né 14 oct. 1784, marié par procuration 26 août, et en personne 6 oct. 1801, à Marie-Antoinette-Thérèse, fille du roi Ferdinand IV des deux Siciles, née 14 décembre 1784.

4. Charles-Marie-Isidor, infant, né 29 mars 1788.

5. Marie-Isabelle, infante, née 6 juil. 1789. *Voyez* Sicile.

6. François de Paula-Antoine-Marie, né 10 mars 1794.

Frères.

1. Ferdinand IV, roi des deux Siciles, né 12 janvier 1751. *Voyez* Sicile.

2. Antoine-Pascal, infant, né 31 déc. 1755, veuf de sa nièce, l'infante Marie-Amélie, le 27 juillet 1798.

Fils du frère l'infant Gabriel et de Marie-Anne-Victoire, fille de Marie, reine de Portugal.

Pierre-Charles, infant, né 17 juin 1786.

Esterhazy de Galantha. (Cath.)

Pr. Nicolas, né 12 déc. 1765, marié 15 sept. 1783 à Marie-Josephe, fille de François, prince de Lichtenstein.

Enfans.

1. Paul-Antoine, né 10 mars 1786.
2. Marie-Léopoldine, née 31 janv. 1788.
3. Nicolas-Charles, né 6 avril 1799.

Sœurs.

1. Marie Thérèse, née 7 fév. 1764, mariée à François, comte de Csaky.
2. Léopoldine, née 15 nov. 1776, mariée à François-Antoine, prince de Grassalkowitz 24 juillet 1793.

Oncle et tante.

1. Marie-Anne, née 27 février 1739, veuve d'Antoine, prince de Grassalkowitz.
2. Nicolas, né 10 août 1741, chamb. de l'emp., marié 3 août 1777 à Anne-Françoise, comtesse Weisseuwolf, née en 1747.

Étrurie. (Cath.)

Roi Charles-Louis II, né 22 décem. 1799, succède à son père, le roi Louis I, 27 mai 1803, sous la régence de sa mère.

Sœur.

Marie-Louise-Charlotte, née 2 oct. 1802.

Mère régente.

Marie-Louise, fille du roi Charles IV d'Espagne, veuve du roi Louis premier, 27 mai 1803.

Maison du dernier duc de Parme, etc, infant d'Espagne.

E N F A N S.

1. Marie-Antoinette-Joséphine, née 28 nov. 1774.   C 2

2. Charlotte-Marie-Ferdinande , née 7 sept.
1777.

Sœur.

Louise-Thérèse, née 9 déc. 1751. V. Espagne.

Fugger Babenhausen.

Pr. Anselme-Marie , né 2 juil. 1766 , succède
à son père le 7 juil. 1793 , élevé au rang de pr.
le 1 août 1804 , marié 15 oct. 1793 à Antoinette
fille du comte Errard Ernest Truchsess de Zeil
Wurzach.

Enfans.

1. Marie-Caroline , née 18 déc. 1794.
2. Marie Walpurge , née 1 sept. 1796.
3. Marie-Josephe , née 19 juin 1798.
4. Comte Antoine-Anselme-Victor , né 13 juin
1800.

Frères et Sœurs.

1. Marie-Euphémie , née 29 novembre 1762,
veuve d'Antoine-Joseph Fugger , comte de Kirchberg , 8 février 1800.
2. Marie-Josephe , née 2 août 1770 , mariée
au comte Joseph-Antoine Truchsess de Wal-
dsée 10 janvier 1791.
3. Marie Walpurge , née 23 oct. 1771 , veuve
du comte Léopold Truchsess de Zeil , en juin
1800.
4. Comte François-Joseph , né 14 nov. 1772.
5. Comte Nepomuc , né 23 juillet 1774.

Furstemberg. (Cath.).

1. Branche ci-devant régnante en Souabe.
Douairière du dernier prince Charles-Joachim.

Caroline-Sophie, fille du landgrave Joachim Egon de Furstemberg Weitra, veuve 17 mai 1804. *Sœur.*

Josephe-Marie-Bénédicte, née 12 nov. 1756. *Voyez ci-dessous.*

Douairière du grand-père le pr. Joseph-Guillaume.

Marie-Anne, comtesse de Wahl, née 22 sept. 1736, veuve 29 avril 1762.

2. Branche régnante.

Pr. Charles Egon, né 28 oct. 1796, succède 17 mai 1804 à Charles-Joachim, dernier prince de la branche aînée, sous la tutèle du landgra. Joachim Egon, de la branche subsidiale.

Sœur.

Marie-Léopoldine, née 4 sept. 1791.

Mère.

Elisabeth, fille du pr. Ferdinand de la Tour et Taxis, veuve du pr. Charles, tué à l'action de Stockach le 25 mars 1799.

Veuve du pr. Philippe-Marie-Joseph, oncle du pr.

Josephe-Marie-Bénédicte, fille du pr. Joseph Wenceslas, de cette maison, *voyez ci-dessus,* veuve 5 juin 1790.

Fille.

Léopoldine-Philippe-Caroline, née 10 avril 1781. *Voyez* Hesse Rothembourg.

C 3

3. *Branche subsidiale en Autriche.*

Joachim Egon, landrave, né 22 déc. 1749, marié 18 août 1772 à Sophie-Thérèse, comtesse d'Oettingen-Wallerstein.

Enfans.

1. Frédéric-Charles, né 26 janv. 1774, marié 25 mai 1802 à Thérèse, princ. Schwarzenberg.

2. Philippe-Charles, né 13 mars 1775, major au service impérial.

3. Josephe, née 20 juin 1776. *V.* Lichtenstein.

4. Caroline-Sophie, née 20 août 1777. *V.* ci-dessus, branche première.

5. Marie-Éléonore-Sophie, née 7 fév. 1779.

6. Marie - Élizabeth, née 12 juillet 1784, mariée 15 fév. 1801 à Jean, comte de Traut-mannsdorf.

Frère.

Frédéric - Joseph, né 24 avril 1751, marié en troisièmes noces 12 mai 1788 à Josephe, comtesse de Ziérotin, née 12 février 1771.

Enfans du premier lit de Josephe Thécla, comtesse de Schallenberg.

1. Joseph-Frédéric, né 4 septembre 1777, capitaine de cavalerie au service impérial.

2. Constantine-Léopoldine, née 7 avril 1780, mariée à François - Cajetan, comte de Cho-rinsky.

3. Frédéric-Ladislas, né 27 juillet 1781.

Enfans du troisième lit.

4. Louis, né 17 septembre 1790.

5. Marie-Philippine, née 15 janvier 1792.

6. Frédéric-Michel, né 29 déc. 1793.
7. Jeanne-Caroline, née 3 novembre 1791.

Saint-Gall. (Cath.)

Pr. abbé Pancrace, (Vorster), né en 1753, élu premier juin 1796.

Gandersheim. (Luth.)

Princesse abbesse Auguste-Dorothée, duch. de Brunswick - Lunébourg, née 2 oct. 1749, élue 3 août 17 .

Grande - Bretagne.

Roi, Georges III, Électeur de Brunswick-Lunebourg-Hanovre, né le 4 juin 1738, proclamé roi d'Angleterre le 25 octobre 1760, marié le 8 septembre 1761 à

Sophie-Charlotte, fille du duc Charles-Louis-Frédéric de Mecklenbourg - Strélitz, reine d'Angleterre, née 19 mars 1744, couronnée 22 septembre 1761.   *De ce mariage :*

1. Georges - Frédéric - Auguste, prince de Galles et électoral d'Hanovre, né 2 août 1762, marié 8 avril 1795, à

Caroline - Amélie - Élisabeth, princesse de Brunswick - Wolfembuttel, née 17 mai 1768.
De ce mariage :
Caroline-Charlotte-Auguste, né 7 janv.

2. Frédéric d'Angleterre, duc d'Yorck, né 16 août 1763, marié 19 sept. 1791, à

Charlotte - Ulrique - Catherine, fille du roi Frédéric Guillaume II de Prusse.

3. Guillaume-Henry d'Angleterre, duc de Clarence, né 12 août 1765.

4. Charlotte-Auguste-Mathilde, née 29 sept. 1776. *Voyez* élect. de Wurtemberg.

5. Édouard - Auguste, duc de Kent et de Strathern, comte de Dublin, né 2 nov. 1767.

6. Auguste-Sophie, princesse d'Angleterre, née 8 novembre 1768.

7. Élisabeth, princesse d'Angleterre, née 22 mai 1770.

8. Ernest Auguste, duc de Cumberland et Tre viothâle, comte de Armagh, né 5 juin 1771.

9. Auguste-Frédéric d'Angleterre, duc de Sussex, né 21 janvier 1773.

10. Adolphe-Frédéric d'Angleterre, duc de Cambridge, né 24 janvier 1774.

11. Marie, princesse d'Angleterre, née 24 avril 1776.

12. Sophie, princesse d'Angleterre, née 3 novembre 1777.

13. Amélie, princesse d'Angleterre, née 7 août 1779.

Frère et Sœurs.

1. Guillaume-Henry, frère du Roi, duc de Glocester, né 25 novem. 1743, marié 16 sept. 1766 à

Marie, fille du chevalier Édouard Walpole, et *veuve* de Jacques, comte de Waldegrave, née 3 juillet 1739. *De ce mariage :*

1. Sophie Malthilde, née 29 mai 1773.

2. Guillaume-Frédéric, né 15 janvier 1776.

3. Augustine-Frédérique, sœur du roi, née 11 août 1737. *Voyez* Brunswick-Wolfembutel.

Douairière de Henri-Frédéric, duc de Cumberland. frère du roi.

Anne, fille de Simon Luttrel, comte de Carhampton, née 23 mai 1750, veuve 18 sept. 1790.

Grand-Maître de l'ordre Teutonique. (Cath.).

Antoine-Victor-Joseph, archiduc d'Autriche, né 31 août 1779, élu coadjuteur le 17 oct. 1803, succède à son frère l'archiduc Charles dans la grande maîtrise le 20 juin 1804.

Grand-Maître de l'ordre de Saint-Jean. (Cath.).

Ignace-Balthasar, baron Rink de Baldenttein, élu 18 juillet 1797, installé 1 mai 1798.

Helvétie.

S. E. M. Glutz, landemann de la Suisse.

Hesse-Cassel. (Réfor.).

Guillaume I, né 3 juin 1743, commença à régner sur le comté de Hanau le 13 octobre 1764, et sur toute la Hesse le 31 octobre 1785 ; électeur le 27 avril 1803, marié 1 sept. 1764 à

Guillelmine-Caroline de Danemarck, née 10 juillet 1747.

De ce mariage :

1. Guillaume, prince héréditaire, né 28 juil. 1777, marié 13 février 1797 à

Frédérique - Christiane - Auguste, princesse de Prusse, née 1 mai 1780.

De ce mariage :

1. Frédéric Guillaume, né 30 août 1802.

2. Caroline - Frédérique - Guillelmine, née 29 juillet 1799.

2. Marie-Frédérique, sœur du prince héréditaire, née 14 septembre 1768.

3. Caroline-Amélie, sa sœur, née 11 juillet 1770.

Charles, frère de l'électeur, vice - roi de Norvège, né 19 décembre 1744, marié 30 août 1766 à

Louise de Danemarck, née 30 janvier 1750.

De ce mariage :

1. Frédéric, né 24 mai 1771, gouverneur de Rendsbourg en 1800.

2. Christian, frère du précédent, né 14 août 1776.

3. Marie - Sophie - Frédérique, leur sœur, née 28 octobre 1767. *V.* Danemarck.

4. Julienne-Louise-Amélie, née 19 janvier 1773.

5. Louise-Caroline, leur sœur, née 28 sept. 1789.

Frédéric second, frère de l'électeur, né 11 septembre 1747, marié 2 décembre 1786 à

Caroline-Polixene de Nassau Usingen, née 4 avril 1762.

De ce mariage :

1. Guillaume, né 24 décembre 1787.
2. Frédéric-Guillaume, né 25 avril 1790.
3. Georges-Charles, né 14 janvier 1793.
3. Louise-Caroline-Marie - Frédérique, née 9 avril 1794.
5. Marie - Wilhelmine - Frédérique, née 21 janvier 1796.
6. Auguste-Wilhelmine-Louise, née 25 juil.

Fille du prince Maximilien, grand-oncle de l'électeur

Wilhelmine, née 23 fév. 1726. *V. Prusse.*

Hesse-Philippsthal. (Réformé).

Landgrave, Guillaume, né 29 août 1726, général de cavalerie au service de Hollande, veuf d'Ulrique-Eléonore, fille de son oncle, le pr. Guillaume, 2 février 1795.

Enfans.

1. Louis, né 8 oct. 1766, lieutenant-général au service des Deux-Siciles, marié le 22 janvier 1791 à

Marie-Françoise, comtesse Berghe de Tripps, née 8 août 1771.

Enfans.

1. Marie-Caroline, née 13 janv. 1793.
2. Ferdinand-Guillaume, né 9 août 1798.
2. Ernest - Constantin, né 8 août 1771, colo. au service de Hollande, marié 10 avril 1796 à

Christiane-Louise, fille du prince Frédéric-Charles de Schwarzbourg-Roudelstadt.

Fils.

1. Ferdinand, né 15 octobre 1799.
2. Georges-Gustave, né 14 février 1801.
3. Pr. Charles, né 22 mai 1803.

Fille du fils aîné feu prince Charles, et de la princ. Victoire d'Anhalt - Bernbourg - Schoumbourg, mariée en secondes noces à un comte de Wimpfen.

Caroline-Wilhelmine-Ulrique-Eléonore, née 10 février 1793.

Fille de Guillaume, comte de Barchfeld, et de Charlotte - Wilhelmine, princesse d'Anhalt-Bernbourg-Hoym.

Antoinette-Caroline, née 18 janvier 1731.

Douairière du pr. Adolphe, résidant à Barchfeld.

Louise-Chrétienne, fille d'Antoine-Ulric, duc de Saxe-Meiningen, veuve le 17 juil. 1803.

Enfans.

1. Prince Charles-Auguste-Philippe-Louis, né 27 juin 1784.
2. Frédéric-Guillaume-Charles-Louis, né 18 août 1786, capitaine de cavalerie au service de Danemarck.
3. Ernest-Frédéric-Guillaume, né 28 janv. 1789, capitaine au service de Hesse-Cassel.

Hesse-Rheinfels-Rothenbourg. (Cath.).

Landgrave, Charles-Emanuel, feld-maréch. lieutenant au service de l'empereur, né 5 juin 1746, marié 1 sept. 1771 à

Marie-Léopoldine-Adelgonde, fille de François-Joseph, prince de Liechtenstein.

Enfans.

1. Victor-Amédée, né 2 sept. 1779, marié 10 oct. 1799, à
Léopoldine-Philippe, fille du prince Philippe-Marie-Joseph de Furstemberg-Stuhlingen.
2. Léopoldine-Clotilde, née 12 sept. 1787.

Frères et Sœurs.

1. Clémentine - Françoise - Ernestine, née 5 juin 1747, abbesse de Sustern.
2. Charles-Constantin, né 20 janvier 1752.
3. Marie - Antoinette - Frédérique-Josephe, née 31 mars 1753, chanoinesse du chapitre de Thorn.
4. Wilhelmine, née 16 février 1755, chanoinesse du chapitre d'Essen.

Hesse-Darmstadt. (Luth.).

Landgrave, Louis X, né 14 juin 1753, succède à son père le 6 avril 1790, marié 19 fév. 1777 à
Louise - Caroline - Henriette, fille du prince Georges-Guillaume, de cette maison.

Enfans.

1. Louis, prince héréditaire, né 26 décembre 1777, marié 19 juin   à
Wilhelmine-Louise, fille de Charles-Louis, prince héréditaire de Bade.
2. Louise - Caroline - Amélie, née 16 janvier 1779. *V.* Anhalt-Coethen.
3. Louis-Georges-Charles-Frédéric-Ernest, né 30 août 1780, lieutenant- colonel au service e l'Empire.   D

4. Frédéric-Auguste-Charles, né 14 mai 1788, capitaine de cavalerie au service de l'Empereur.

5. Emile - Maximilien - Léopold - Auguste-Charles, né 1 sept. 1790, capitaine au service de Prusse.

6. Ferdinand - Gustave - Guillaume, né 18 décembre 1791.

Frère et Sœurs.

1. Caroline, née 2 mars 1756. *Voyez* Hesse-Hombourg.

2. Amélie - Frédérique, née 30 juillet 1754. *(V.* Bade.

3. Louise, née 30 janvier 1757. *Voyez* Saxe-Weimar.

4. Chrétien-Louis, né 25 novem. 1763, feld-maréchal-lieutenant au service de l'Empire.

Douairière du prince Georges-Guillaume, oncle du landgrave.

Marie - Louise - Albertine, comtesse de Linange-Heidesheim, née 16 mars 1729, veuve 21 juillet 1782.

Enfans.

1. Louis-Georges-Charles, né 27 mars 1749, feld-maréchal-lieutenant au service de l'Emp.

2. Georges-Charles, né 14 juin 1754, général major Hollandais.

3. Frédéric - Georges - Auguste, né 21 juillet 1759.

4. Louise-Caroline-Henriette, née 15 février 1761, mariée 19 fév. 1777 à son cousin le landg.

Hesse-Hombourg. (Réform.).

Landgrave, Frédéric-Louis-Guillaume-Chrétien, né 30 janv. 1748, feld-maréc. au service de l'Empire, marié 27 sept. 1768 à Caroline, fille de Louis IX, landgrave de Hesse-Darmstadt.

Enfans.

1. Frédéric - Joseph - Louis, prince héréditaire, né 30 juillet 1769, feld-maréchal-lieutenant au service de l'empereur d'Allemagne.

2. Louis-Guillaume, né 29 août 1770, lieutenant-colonel au service de Prusse.

3. Caroline-Louise, née 16 août 1771. *Voyez* Schwarzbourg-Roudolstadt.

4. Louise-Ulrique, née 26 octobre 1772. *V.* Schwarbourg-Roudolstadt.

5. Christiane-Amélie, née 29 juin 1774. *V.* Anhalt-Dessau.

6. Auguste-Frédérique, née 28 nov. 1776.

7. Philippe - Auguste - Frédéric, né 11 mars 1779, major au service de l'emp. d'Allemagne.

8. Gustave-Adolphe-Frédéric, né 17 février 1781, major au service de l'emp. d'Allemagne.

9. Ferdinand - Henri - Frédéric, né 26 avril 1783, cap. de cav. au serv. de l'emp. d'Allem.

10. Mariane, née 14 oct. 1785. *V.* Prusse.

11. Léopold - Victor - Frédéric, né 10 mars 1787, capitaine au service de Prusse.

D.2

Hohenlohe. (Luth.).

Branche de Neuenstein Hohenlohe-Neuenstein-Oeringen.

Prince Louis - Frédéric - Charles, né 23 mai 1723, veuf de Sophie - Amélie - Caroline, fille d'Ernest-Frédéric, duc de Hildbourg - Hausen, le 19 juin 1799.

Hohenlohe-Langenbourg. (Luth.).

Pr. Charles, né 10 sept. 1762, marié 30 janv. 1789 à Amélie - Henriette - Charlotte, fille de Jean-Chrétien, comte de Solms-Baruth, née 30 janv. 1768.

Enfans.

1. Elisabeth-Eléonore-Charlotte, née 22 nov. 1790.

2. Frédérique - Caroline - Constance, née 23 février 1792.

3. Frédérique-Christiane, née 27 janv. 1793.

4. Ernest - Chrétien - Charles, prince héréditaire, né 7 mai 1794.

5. Louise - Charlotte - Jeanette, née 22 août 1799.

6. Jeanette-Henriette-Philippine, née 2 nov. 1800. *Sœur.*

Louise-Eléonore, née 11 août 1763.

Oncles et tantes.

1. Eléonore-Julie, née 22 juillet 1734. *Voyez* Hohenlohe-Ingelfingen.

2. Guillaume - Frédéric - Gustave, né 31 mai

1736, chevalier de Saint - Jean de Jérusalem.

3. Frédéric - Auguste, né 11 janvier 1740, général-major du cercle de Franconie.

Enfans de l'oncle, le prince Frédéric Ernest.

1. Louis-Chrétien-Auguste, né 23 jan. 1774.

2. Auguste-Éléo.-Caroline, née 30 mars 1775.

3. Charles - Gustave - Guillaume, né 29 août 1777.

4. Philippe-Henriette, née 30 mai 1779.

5. Charles-Philippe-Ernest, né 19 sep. 1781.

6. Wilhelmine-Christiane-Henriette, née 21 juin 1787.

7. Éléonore-Magdelaine-Frédérique, née 4 avril 1792.

Veuve du prince Frédéric-Ernest.

Magdeleine-Adrienne, fille du baron Onnezwier de Haren, née 23 avril 1746, veuve le 24 octobre 1794.

Hohenlohe-Langenbourg-Ingelfingen.
(Luth.).

Pr. Frédéric-Louis, né 31 jan. 1746, général de cavalerie de l'empire d'Allemagne, et géné. d'infanterie au service de Prusse ; marié 3 avril 1782 à Amélie-Louise-Marie-Anne, comtesse de Hoym, née 6 octobre 1763.

Enfans.

1. Frédéric-Auguste *Charles*, prince héréd., né 27 novembre 1784.

2. Adélaïde Charlotte Wilh, née 20 janv. 1784.

D 3

3. Amélie, née 20 nov. 1788,
4. Auguste, né 16 nov. 1793.
5. Adolphe, né 29 janvier 1797.
6. Charles - Louis - Henry - Alexandre, né 3 juillet 1798. *Sœur.*

Sophie-Chrétienne-Louise, née 10 oct. 1762. *Douairière du cousin le prince Albert Walfgang.*

Éléonore-Julienne, princesse de Hohenlohe-Langenbourg, veuve le 22 avril 1778.
Fille.

Marie Catherine-Wilhel-Chrétienne, née 4 juin 1771.

Hohenlohe - Langenbourg - Kirchberg.
(Luth.)

Pr. Chrétien - Frédéric - Charles, né 19 oct. 1729, marié en secondes noces 9 sept. 1778 à
Philippine-Sophie-Ernestine, fille de Guillaume, comte d'Isenbourg, née 1 nov. 1745.
Fille du premier lit avec Louise-Charlotte, princesse de Hohenlohe-Langenbourg.

Caroline-Henriette, née 11 juin 1761, mariée 10 juin 1779 à
Henry XLII, comte Reuss-Schleltz.
Enfans du deuxième lit.

1. Wilhelmine - Sophie - Frédérique - Ferdinande, née 7 nov. 1780.
2. Auguste-Éléonore, née 24 mai 1782.
3. Louise, née 16 sept. 1784.
4. Georges-Louis-Maurice, prince hérédit. né 16 sept. 1790.

Douairière de Frédéric Guillaume.

Frédér.-Marie-Jeanne, Fille de Henry XI, feu pr. régn. de Reuss-Gtreitz, v. 10 août 1776.

Douairière du frère le pr. Frédéric-Charles-Louis.

Christianne-Louise, comtesse de Solms-Laubach, née 7 août 1754, veuve 12 sept. 1791.

Fils dudit prince du premier lit de Frédérique-Charlotte, comt. de Laewensten-Wertheim.

Charles-Frédéric-Louis-Henry, né 2 nov. 1780, lieut. au service de l'emp. d'Allemagne.

Enfans du deuxième lit.

1. Chrétien-Louis Frédéric, né 22 déc. 1788.
2. Sophie-Amélie-Caroline-Françoise, née 27 janvier 1790.

Branche de Waldenbourg.

Hohenlohe-Bartenstein. (Cath.)

Prince Aloys-Louis, général-major au serv. de l'empereur d'Allemagne, né 18 août 1765, succ. le 5 février 1798 par cession de son père mort 14 juin 1799, marié en secondes noces, le 19 janvier 1790, à

Marie-Crescence, comtesse de Salm-Reifferscheid-Bedbur, née 29 août 1768.

Fils du premier lit avec Françoise-Wilhel-Auguste, comtesse de Manderscheid-Blankenheyn.

Charles-Auguste-Théodore, né 9 juin 1788.

Fille du deuxième lit.

Auguste-Charlotte, née 16 nov. 1793.

Frères et sœurs.

1. Sophie-Caroline-Josephe, née 13 déc. 1751.

D 4

2. Marie-Anne-Elisabeth, née 20 mars 1760, mariée 22 août 1784, à Pierre-Gaspard, comte d'Orsay.

3. Marie-Léopoldine Henriette, née 15 juil. 1751. *Voyez* Loowensten-Wertheim.

4. Charles - Joseph Erneste - Justin, né 13 déc. 1766, marié 5 juillet 1776, avec Henriette-Charlotte-Frédérique, princ. de Wurtemberg.

Enfans.

1. Marie-Anne, née 20 mars 1798.

2. Prince Louis-Otton-Alb.-Constantin, né 5 juin 1802.

3. Sophie Wilhelmine, née 6 oct. 1803.

5. Françoise-Louise-Henriette, née 7 déc. 1770, mariée 15 novembre 1796 à François-Guillaume, comte de Salm-Reiferscheid-Bebur.

Oncles.

1. Joseph-Chrét.-François-Charles-Ignace, né 6 novembre 1740, prince év. de Breslau depuis 1795.

2. Chrétien-Ernest-François-Xavier, né 11 déc. 1742, prévôt du chapitre de Cologne.

Hohenlohe Schillingsfurft. (Cath.)

Prince Charles-Albert, né 28 février 1776, succède à son père le 14 juillet 1796, marié 11 juillet 1797, à Marie - Elisabeth - Auguste, princesse d'Isenbourg.

Fille.

Caroline, née 1790.

Frères et sœurs.

1. Marie-Josephe, née 9 avril 1775, mariée

21 nov. 1793, à Maximilien-Joseph comte de Holnstein.

Marie-Thérèse, née 26 janv. 1779, mariée 15 oct. 1800 à Maurice, comte de Fries.

3. Albert-Charles-Joseph, né 26 nov. 1781.

4. Eléonore-Henriette, née 21 janv. 1786.

5. François-Joseph, né 26 nov. 1787.

6. Marie-Gabriel, né 2 avril 1791.

7. Léopold-Alexandre, né 17 août 1794.

Mère.

Judith ; née baronne de Revitzky, veuve du prince Charles-Albert-Chrétien le 14 juin 1796.

Oncles.

1. Charles-Philippe, né 17 oct. 1743, grand croix de Malte.

2. François-Charles-Joseph, né 27 novembre 1745, doyen du chapitre d'Elwangen.

Hohenzollern-Hechingen. (Cath.).

Pr. Hermann - Frédéric Otto, chambellan héréditaire et lieutenant-général feld-maréch. de l'empire d'Allemagne, né 30 juillet 1751, succède 9 avril 1798, marié en troisièmes noces le 12 juin 1779 à Marie-Antoinette-Monique, fille de François - Ernest, comtesse de Zeil-Wurzach et veuve de Joseph, comte d'Oettingen-Baldern, née 6 juin 1754.

Fille du premier lit, avec Louise-Julie-Constantine, comtesse de Merode-Westerloo.

Louise-Julie, née 1 novembre 1774.

Fils du deuxième lit , avec Maxime-Albertine,
princesse de Gavre.

2. Frédéric Hermann, prince héréditaire, né 22 juillet 1776, marié 26 avril 1800 à la princ. Pauline de Courlande et Sagan.

Fils.

Frédéric-Guil.-Hermann, né 16 fév. 1801.

Filles du troisième lit.

3. Marie-Antoinette-Philippine-Josephe, née 8 février 1781.

4. Thérèse-Charlotte, née   janv. 1786.

5. Maxim.-Antoinette, née 3 nov. 1787.

6. Joséphine, née 14 mai 1790.

Frères et sœurs.

1. François-Xavier, né 21 mai 1757, marié 22 janvier 1787 à Marie - Thérèse , comtesse de Wildenstein.   *Enfans.*

1. Frédéric-Antoine, né 3 nov. 1790.

2. Frédérique-Julie, née 21 mars 1792.

3. Frédéric-Adelbert, né 18 mars 1793.

4. Frédérique-Joséphine , née 7 juil. 1795.

2. Félicité-Thérèse, née 18 déc. 1763, mariée à un comte de Hoen de Neufchâteau.

Mère.

Marie-Philippine, comtesse de Hoensbruch, née 18 mai 1729, douairière du comte François-Xavier, 14 mars 1765.

Oncle et tante.

1. Marie-Anne, née 7 août 1721, chanoinesse du chapitre de Buchau.

2. Frédéric-Antoine, né 24 fév. 1726, génér.

de cavalerie au service d'Allemagne, marié 17 mai 1774 à Ernestine - Josephe, comtesse de Sobeck, née 21 janvier 1753.

Enfans.

1. Joseph-Guillaume-Frédéric, abbé d'Oliva, né 20 mars 1776.

2. Hermann, né 2 juillet 1777, lieutenant au service de Prusse.

3. Jean-Charles, né 16 mars 1782, lieutenant au service de Prusse.

3. Marie-Josephe, née 20 jan. 1728 *V.* Clary.

4. Marie-Sidoine, née 24 fév. 1729. *V.* Kiuski.

5. Meinrad, né 20 juin 1730; chanoine des chapitres de Cologne et Constance.

Hohenzollern-Sigmaringen. (Cath.)

Pr. Antoine-Aloys-Meinrad-François, né 20 juin 1762, succède à son père 26 déc. 1785, marié 12 août 1782 à Amélie- Zéphyrine, fille de Philippe-Joseph, prince de Salm-Kirbourg.

Fils.

Charles-Antoine, pr. hérédi. né 20 fév. 1785.

Sœur.

Marie - Crescente - Anne-Jeanne- Françoise, née 24 juillet 1776, chanoinesse de Buchau.

Holstein-Sonderbourg. (Luth.).

Branche d'Augustenbourg.

Duc Frédéric-Chrétien, né 28 septem. 1765, marié 22 mai 1786 à Louise-Auguste, fille de Chrétien VII, roi de Danemarck.

Enfans.

1. Caroline-Amélie, née 25 juin 1796.
2. Chrétien-Charles-Frédéric-Auguste, né 19 juillet 1798.
3. Frédéric-Emile-Auguste, né 23 aou. 1800.
4. Pr. N. N. né 3 février 1802.

Frères et sœurs.

1. Louise-Charlotte-Caroline, née 17 fé. 1764.
2. Frédéric - Charles - Emile, né 8 mars 1767, général-major au service de Danemarck.
3. Chrétien-Auguste, né 9 juillet 1768, gén. major au service de Danemarck.

Tante.

Charlotte-Amélie, née 24 janv. 1736.

Branche de Beck. (Luth.).

Duc Frédéric-Charles-Louis, né 30 août 1757, marié 9 mars 1780 à Frédérique-Amélie, fille de Léopold, comte de Schlieben, née 28 fév. 1757.

Enfans.

1. Elisabeth - Frédérique - Sophie - Amélie- Charlotte, née 13 déc. 1780, mariée au baron de Richthof.
2. Frédéric - Guillaume - Paul - Léopold, né 4 janv. 1785, capitaine de cavalerie au service de Danemarck.

Tante.

Catherine, née 23 fév. 1750, mariée 8 janvier 1767 à Ywan, prince de Boratinski, lieutenant général au service de Russie.

Holstein-Gluchbourg. (Luth.).

Sœurs du dernier duc Frédéric-Henri-Guillaume.

1. Sophie-Madeleine, née 22 mars 1746.
2. Louise-Charlotte-Frédérique, né 5 mars 1749. *V.* Anhalt-Coethen.
3. Julie - Wilhelmine, née 30 avril 1754, mariée 17 juillet 1776, à Louis, comte de Bentheim-Steinfurt.

Holstein-Gottorp-Oldenbourg.

Branche aînée. V. la maison impériale de Russie.
Branche cadette. V. pour la première ligne, maison royale de Suède.

Seconde et troisième ligne, nommée l'Episcopale. (Luth.).

Duc Pierre-Frédéric-Guillaume, né 3 janv. 1754, succède à son père 6 juillet 1785, sous la régence de son cousin le duc Pierre-Frédéric-Louis. *Sœur.*

Hedwige-Elisabeth-Charlotte, née 22 mars 1759. *V.* Suède.

Fils de l'oncle prince Georges-Louis, et de Sophie-Charlotte, princesse de Holstein-Beck.

Pierre-Frédéric, prince de Lubeck, né 17 janv. 1755, nommé administrateur du duché d'Oldenbourg 9 juillet 1785, veuf de Frédérique-Elisabeth-Amélie, princesse de Wurtemberg, 24 novembre 1775.

Enfans.

1. Paul-Frédéric-Auguste, né 13 juil. 1783.
2. Pierre-Ferdinan-Geor, né 9 mai 1784.

Hongrie. *Voyez* Autriche.

Isenbourg-Birstein. (Réform.).

Prince Charles-Frédéric-Maurice, né 29 juin 1776, succède à son père 3 février 1803, marié 16 sept. 1793 à Charlotte-Auguste-Wilhelmine, comtesse d'Erbach-Erbach, née 4 oct. 1778.

Enfans.

1. Victoire-Charlotte-Louise, n. 10 juin 1796.
2. Amélie-Auguste, née 20 juillet 1797.
3. Wolfgang-Ernest, né 25 juillet 1798.
4. François-Guillaume, né 1 nov. 1799.
5. Pr. Frédéric-Charles-Victor, né 22 janvier 1801.
6. Pr. Alexis-Victor, né 14 sept. 1802.

Frères.

1. wolfgand-Ernest, né 7 oct. 1774, major au service de l'empereur d'Allemagne.
2. Victor, né 10 septembre 1776, capitaine de cavalerie au service de l'emp. d'Allemagne.

Douairière du prince Wolfgand-Ernest II.

Ernestine-Espérance-Victoire, fille de Henri XI, prince Reuss à Graitz, veuve 3 fév. 1803.

Grand-oncle.

Frédéric-Guillaume, général au service de l'électeur Palatin, né 13 déc. 1730, marié 25 oct. 1770 à Caroline-Françoise-Dorothée, comtesse de Parksrein.

Enfans.

1. Charles - Théodore - Frédéric, né 12 août 1778.

2. Marie-Elisabeth-Auguste, née 8 sep. 1779. *V.* Hohenlohe-Schillingsfurt.

3. Ernest-Louis-Casimir, né 24 janv. 1786.

Fille du grand-oncle prince Fréderic-Ernest.

Elisabeth, née 24 janv. 1753, veuve du comte Georges-Auguste de Solms-Laubach.

Italie. (Royaume d'I.).

NAPOLÉON, Empereur des Français et roi d'Italie. *V.* France.

Joséphine-Tascher de la Pagerie, Impératrice des Français, Reine d'Italie. *V.* France.

Le Prince Eugene Beauharnais, Vice-Roi d'Italie. *V.* France.

Kaunitz-Rietberg. (Cath.).

Pr. Dominique-André, chambellan de l'emp. d'Allemagne, né 2 juin 1740, veuf de Bernardine, comtesse de Plettemberg-wittem, 22 déc. 1779. *Enfans.*

1. Marie-Thérèse, née 3 fév. 1763, mariée 27 juil. 1785 à Rodolphe, comte de Wurben.

2. Marie-Antoinette, née 6 août 1765.

3. Aloys, né 19 juin 1774, marié 29 jan. 1793 à Françoise-Xavière, fille de Guidobald, comte Ungnad de Weissenwolf.

Fille.

Caroline-Léopoldine, née 6 juillet 1799.

Frère.

François-Venceslas, né 20 juillet 1742, feld-maréchal au service de l'empire d'Allemagne.

Fille du feu prince Ernest-Christophe.

Marie-Eléonore, née 1 oct. 1775. *V.* Metternich-Wiennebourg.

Khevenhüller-Metsch. (Cath.).

Pr. Charles-Marie-François, né 26 novembre 1756, succède à son père en juin 1801.

Frère et sœurs.

1. Marie-Antoinette, née 10 avril 1759, mar. en janv. 1776 à Charles, comte de Zichy.

2. Marie-Christine-Victoire, née 23 décem. 1760, mariée en 1784 à Antoine, marquis d'Erba-Odeschalchi.

3. François-Joseph, né 7 avril 1762, veuf, pour la seconde fois, de Marie-Joséphine, comtesse d'Abensberg et Traun, 5 mars 1779.

4. Marie-Caroline-Ferdinande, née 23 sept. 1763, mariée à Joseph, marquis de Sorressina-Vidoni.

5. Marie-Léopoldine, née 22 août 1767, mar. en 1785 à François, prince Ruspoli.

Douairière du prince Sigismond.

Marie-Joséphine, fille de Vincent, comte de Strassoldo, veuve 15 juin 1801.

Oncle et tante.

Marie-Thérèse, née 4 janv. 1741, mariée 1. sept. 1769 à Léopold, comte de Kolowrath Krakowsky.

2. Jean-Emmanuel, né 23 avril 1751, marié en 1773 à Marie-Josephe, comtesse de Mezza-barba, née en 1757.

Enfans.

1. Marie-Charlotte, née 10 mai 1774.

2. Marie-Léopoldine, née 6 juin 1776, mariée en 1794 au marquis d'Adda.

3. Marie, née 11 mars 1778, mariée en juin 1800 au marquis de Visconti.

Enfans de l'oncle Jean-Joseph-François, et de Marie-Josephe, comtesse de Schrattenbach, actuellement prince de Collorédo.

1. Jean-Joseph, chambellan de l'empereur d'Allemagne, né 19 nov. 1776.

2. Jean-Vincent, né 13 juillet 1780.

3. François-Séraphin-Antoine, né 3 octobre 1783, chevalier de Malthe.

Enfans de l'oncle Jean-François-Antoine et de Marie-Thérèse, fille du comte Adam de Rothal.

1. Jean-Joseph, né 10 avril 1765, marié 13 mai 1792 à Marie-Josephe, fille du comte Marie Raim. de Saurau.

2. Marie-Caroline, née 14 mars 1767. *Voyez* Rosenberg.

3. Marie-Anne-Josephe, née 19 nove. 1770. *V.* Liechtenstein.

4. Marie-Françoise, née 4 oct. 1772.

5. Marie-Élisabeth, née 17 oct. 1776.

Kinsky. (Cath.)

Pr. Ferdinand, né 14 sept. 1781, succède à son père le pr. Joseph 10 août 1798.

Frères et sœurs.

1. Marie-Anne-Sidonie, née 11 fév. 1779. *Voyez* Lobkowitz.

2. Marie-Rose-Jeanne, née 23 mai 1780, mariée 8 juin 1801 à François-Antoine, comte de Kollowrat-Liebsteinsky, né 31 janv. 1778.

3. François de Paul-Joseph, né 22 mars 1784.

Mère.

Marie-Rose, Fille du comte Ferdinand Harrach, née 25 nov. 1758, veuve du prince Joseph 10 août 1798.

Tante.

Marie-Anne, née 26 nov. 1754, mariée le 27 avril 1778 au comte Rodolphe-Ferdinand de Salsbourg.

Grande-Mère

Marie-Sidonie, Fille du comte Hermann-Frédéric de Hohenzollern, né 24 fév. 1729, veuve du prince Franç.-Ulric, le 20 déc. 1792.

Grande-tante.

Marie-Antoinette, née 2 fév. 1732, veuve en 1777 du comte Christophe d'Erdœdy.

Fille du grand-oncle le comte Jean-Joseph et de Thérèse comtesse d'Auersberg.

Marie-Françoise, née 16 avr. 1760, veuve du comte Octavien de Zinzendorf; remariée 7 janv. 1800 à Charles comte de Harrach-Rorau.

Lamberg. (Cathol.)

Pr. Charles-Eugène, né 1 avr. 1764, succède au pr. Jean-Frédéric le dernier de la branche

[nînée le 15 déc. 1797 ; mar. 19 sept. 1802 à Frédérique-Sophie-Antoinette, fille du pr. Kraf-
Ernest d'OEttingen-Wallerstein.

Fille.

Wilhelmine-Frédérique, née 29 juin 1803.

Sœurs.

1. Marie-Josephe, née 11 juin 1766, mar. à
François-Xavier bar. de Hossmuhlen, chamb.
de l'Electeur Palatin.

2. Marie-Walpurge, née 2 juin 1767, mariée
10 nov. 1791 à Clément comte de Nys, chambel.
de l'Electeur Palatin.

Mère.

Comtesse Josephe, fille du baron Franç. de
Dachsberg, née 18 nov. 1746, veuve du comte
Maxim.-Joseph le 23 juin 1792.

Oncle.

Léopold, né 10 mai 1732, chambel. de l'Emp.
veuf le 27 août 1787, de Walpurge comtesse de
Monte-la-Bate.

Leiningen-Dachsbourg-Hardenbourg.
(Luth.)

Pr. Charles-Frédéric-Guillaume, né 14 août
1724, lieuten.-gén. au serv. de l'Elect. Palatin,
élevé au rang de prince de l'Empire le 3 juillet
1779, veuf 5 janv. 1803 de Christiane Wilh-
Louise, fille du comte Guill.-Charles de Solms-
Rœdelheim.

Enfans.

1. Caroline-Sophie Wilh, née 4 avr. 1757,

E

veuve 12 fév. 1801 du comte Frédér. Magnus de Solms-Wildensels.

2. Emich-Charles, prince héréd. né 27 sept. 1763, lieut.-gén. au serv. de l'Electeur Palatin, marié en secondes noces 21 déc. 1803, à Marie-Louise-Victoire, fille de François, duc de Saxe-Saalfeld.

Sœur.

Sophie Wilhelmine, née 28 déc. 1729.

Liechtenstein. (Cath.)

Pr. Aloys Joseph, né 14 mai 1759, succ. à son père 18 août 1781, marié 16 nov. 1783 à Caroline Engelberte Félicité, fille de Jean-Guill. comte de Manderscheid-Blankenheyn, n. 13 nov. 1768.

Frère et Sœurs.

1. Marie-Léopoldine-Adelgonde, née 30 janv. 1754. *Voyez* Hesse-Rheinfels-Rothenbourg.

2. Marie-Antoinette, née 14 mars 1756, prieure du chapitre de Recklingshauten et chanoin. de celui d'Essen.

3. Jean-Joseph, né 26 juin 1760, feld-maréc. lieut. au serv. impér. marié à Josephe-Sophie, fille du landg. Joachim Egon de Furstenberg-Weitra.

Enfans.

1. Marie-Léopold-Josephe, née 11 sept. 1793.
2. Aloys, né 20 juin 1796.
3. Sophie, née 7 sept. 1798.
4. Marie, née 11 janv. 1800.

4. Marie-Josephe Hermengilde, née 13 avril 1768. *Voy.* Estherhazy.

Tantes.

1. Marie-Anne, née 15 oct. 1738, veuve du comte Emmanuel-Philibert de waldstein Dux le 22 mai 1775.

2. Marie-Françoise-Xavière, née 27 novemb. 1739, *Voy.* Ligne.

3. Marie-Christine, née 1 sept. 1741, mar. 18 mai 1761 à Franç. Ferdinand C. de Rinski.

Douairière du prince Charles-Boromée-Joseph.

Marie-Eléonore, pr. d'OEttingen-Spielberg, veuve le 21 fév. 1789.

Enfans.

1. Marie-Josephe, née 6 déc. 1763, mar. 29 anvier. 1782 à Jean Nep.-Ernest comte de Harrach.

2. Joseph-Venceslas, né 21 août 1767, chan. lu chap. de Salzbourg.

3. Maurice-Joseph, né 21 juillet 1775, colon. au service impérial.

4. Aloys-Gonzaque-Joseph, né 1 avr. 1780, chevalier de Malte.

Douairière du prince Charles, fils du prince Charles Borromée-Joseph.

Marie-Anne-Josephe, fille du comte François-Antoine de Khevenhuller, veuve 25 déc. 1795.

Fils.

Charles Borromée, né 23 oct. 1790.

E 2

Fille du prince Jean-Charles et de Marie-Josephe de Harrach.

Marie-Antoinette, née 13 juin 1749. *V.* Paar.

Ligne. (Cath.)

Pr. Charles-Joseph, né 23 mai 1735, feld-maréch. au service impér. marié 6 août 1755, à Marie-Françoise-Xavière, fille d'Emmanuel prince de Liechtenstein.

Enfans.

1. Marie-Christine-Claude, née 27 mai 1757. *Voy.* Clary.

2. Louis Lamoral, né 7 mai 1766, colonel au serv. impér.

3. Euphémie-Christ.-Phil.-Thérèse, née 19 juillet 1773, mar. 11 sept. 1798 à Jean-Baptiste-Gabriel comte Palsy d'Erdoedy.

4. Flore, née 18 nov. 1775.

Douairière du prince Charles-Joseph.

Hélène, princ. Masalska, née 9 févr. 1763, veuve le 14 sept. 1792.

Fille.

Sidonie-Franç.-Charlotte, née 9 déc. 1786.

Lippe-Dettmold. (Réform.)

Pr. Paul-Alexandre-Léopold, né 6 oct. 1796, succède à son père 4 avril 1802 sous la tutelle de sa mère. *Fille.*

Frédéric-Albert-Auguste, né 8 déc. 1797.

Mère.

Pauline-Christine Wilhelmine, fille du prince

Frédéric Alb. d'Anhalt-Bernbourg, veuve du prince Fréd.-Guill.-Léopold 4 avr. 1802.

Oncle.

Casimir-Auguste, né 9 oct. 1777, capit. de caval, au serv. de Prusse.

Grand-mère.

Christine-Charl.-Fréd. fille du pr. Guill. de Solms-Braunfels, veuve du comte Simon-Aug. e 4 mai 1782.

Lobkowitz. (Cathol.)

Première branche, dite la régnante.

Pr. François-Joseph-Maximilien, duc de Raudnitz, né 7 déc. 1772, mar. 2 août 1792 à Marie-Carol. princ. de Schwarzenberg.

Enfans.

1. Gabrielle, née 23 juillet 1793.
2. Marie-Eléonore, née 28 octob, 1795.
3. Ferdinand, pr. héréditaire, né 13 av. 1797.
4. Jean-Charles, né 24 janv. 1799.
5. Marie-Thérèse-Caroline, née 23 sept. 1800.
6. Joseph-François, né 17 fév. 1803.

Deuxième branche.

Pr. Antoine-Isidor, né 16 déc. 1773, mar. 6 anv. 1796 a Marie Sidonie, fille de Joseph, prince de Kinsky.

Enfans.

1. Auguste Longin, né 15 mars 1797.
2. Marie Ludomille, née 16 mars 1798.
3. Josephe-Auguste, née 19 avr. 1799.
4. François-Georges, née 24 avr. 1800.

E 3

5. Ferdinand-Bonaventure, né 16 août 1801.
6. Marie-Anne-Françoise, née 4 oct. 1802.

Sœurs.

1. Marie-Thérèse, née 31 oct. 1767.
2. Marie-Eléonore, née 22 avr. 1770. *Voyez* Tour et Taxis.

Fille de l'oncle le prince Joseph et de Marie-Josephe, née comt. de Harrach.

1. Marie-Eléonore, née 16 sept. 1753.
2. Marie-Josephe, née 8 août 1756. *Voyez* Auersberg.

Lœwenstein-Wertheim. (Cath.)

Pr. Dominique-Constantin, né 16 mai 1762, succède à son oncle le pr. Charles-Thomas, 6 juin 1789, mar. 9 mai 1780 à Marie-Léopold-Henriette, princ. de Hohenlohe-waldenbourg-Bartenstein.

Enfans.

1. Christiane-Henriette Polixène, née 16 mai 1782.

2 Charles-Louis-Joseph-Constantin, né 18 juill. mar. 29 sept. 1799 à Sophie, fille de Joseph-Nicol. comte de windischgraetz, né 20 juin 1784.

Fils.

Constantin-Joseph, né 28 sept. 1802.
3. Constantin-Louis-Charles, né 26 mars 1786.
4. Guillaume, né 3 mars 1795.

Mère.

Catherine-Louise-Eléonore, née comtesse de

Linange-Dachsbourg-Bockenheim, née 1 fév. 1735, veuve le 27 fév. 1780.

Looz et Corswaaren. (Cath.).

Duc Armand, né 14 sept. 1770, succède à son père 28 mars 1803.

Frère et sœurs.

1. Clément, né 29 juin 1764, marié en 1789 à Florentine, comtesse de Launoi-Clervaux.
2. Charlotte, née 14 sept. 1766.
3. Thérèse, née 14 mai 1768.
4. Marie, née 24 sept.
5. Amor, née 16 juin 1784.

Douairière du duc Guillaume-Joseph.

Rosalie, fille de Sigismond, comte de Byland, née 3 août 1756, veuve 20 mars 1803.

Lubeck. (Luth.).

Pr. Pierre-Frédéric-Louis, duc de Holstein-Gottorp, né 17 janv. 1755, élu coadjuteur le 16 sept. 1776, succède le 6 juil. 1785, est nommé prince séculier du ci-devant évêché le 27 avril 1803, veuf de Frédérique-Elisabeth-Amélie, fille du prince Frédéric de Wirtemberg le 24 nov. 1785. *Enfans.*

V. Holstein-Gottorp-Oldenbourg.

Luque.

Félix Baciocchi, prince de Luque et de Piombino. *V.* France.

Elisa, princesse impériale de France, princesse de Luque et de Piombino. *V.* France.

Malthe. (Cath.).

Grand-maître, M. Tommasi, né 6 oct. 1731, élu en fév. 1803.

Mansfeld. (Cath.).

Douairière du dernier prince Joseph-Venceslas.
Elisabeth, comt. de Régal, née 21 fév. 1742, veuve le 31 mars 1780.

Sœur dudit prince.

Marie-Eléonore, née 23 sept. 1757, mariée 21 nov. 1775 à Adolphe, comte de Kaunitz.

Mecklenbourg-Schwérin. (Luth.).

Duc Frédéric - François, né 10 déc. 1756, succède à son oncle le 24 avril 1785, marié 1 juin 1775 à Louise, fille du pr. Jean-Auguste de Saxe-Gotha, née 9 mars 1756.

Enfans.

1. Frédéric-Louis, prince héréditaire, né 13 juin 1778, lieut. géné. au service de Russie, veuf le 24 sept. 1803 d'Hélène Paulovna, fille de l'empereur Paul de Russie.

De ce mariage :

1. Paul-Frédéric, né 15 sept. 1800.
2. Marie-Louise-Fréd. Alex. Elis. Charl. née 31 mars 1803.

2. Gustave-Guillaume, 31 janv. 1781, major au service de Prusse.

3. Charles-Auguste-Chrétien, né 2 juil. 1782, colonel au service de Russie.

4. Charlotte-Frédérique, née 4 déc. 1784.

5. Adolphe-Frédéric, ne 18 déc. 1785, capit. au service de Prusse.

Mère.

Charlotte-Sophie, fille du duc François-Josse de Saxe-Saalfeld-Cobourg, née 24 sept. 1731, veuve du duc Louis le 12 sept. 1778.

Tante.

Ulrique-Eléonore, née 1 juillet 1728.

Mecklenbourg-Strélitz. (Luth.).

Duc Charles-Louis-Frédéric, né 10 oct. 1741, feld-maréchal au service élec. de Brunswick-Lunebourg, veuf en secondes noces de Charlotte-wilhelmine-Christiane-Louise, fille du pr. Georges-Guillaume de Hesse-Darmstadt, 12 dec. 1785.

Enfans du premier lit, avec Frédérique-Caroline, fille du prince Georges-Guillaume de Hesse-Darmstadt.

1. Charlotte-Georgine-Frédérique-Louise, née 17 nov. 1769. *V.* Saxe-Hildbourghausen.

2. Thérèse-Mathilde-Amélie, née 5 av. 1773. *V.* Tour et Taxis.

3. Louise-Auguste-wilhelmine-Amélie, née 10 mars 1776. *V.* Prusse.

4. Frédérique-Caroline-Sophie, née 2 mars 1778. *V.* Solms-Braunfels.

5. Georges-Frédéric-Charles-Joseph, prince héréditaire, né 12 août 1779.

Fils du deuxième lit.

6. Charles-Frédéric-Auguste, né 30 no. 1785.

Frère et sœur.

1. Ernest-Gottlob-Albert, né 27 août 1742, général d'infanterie au service élec. de Brunswick-Lunebourg et gouverneur de Zell.

2. Sophie-Charlotte, née 19 mai 1744. *Voyez* Grande-Bretagne.

Metternich-Winnebourg. (Cathol.).

Pr. François - Georges - Charles, né 9 mars 1740, élevé au rang de prince en juin 1803, marié 9 janvier 1771 à Marie-Béatrice, fille du comte Frédéric de Kaysneck, née 8 déc. 1765.

Enfans.

1. Marie-Cunégonde-Pauline, n. 29 no. 1771.

2. Clément-Venceslas-Lothaire, né 15 mai 1773, ministre de l'Emp. à la cour de Prusse, marié 27 sept. 1795 à Marie-Eléonore, fille du pr. Ernest de Kaunitz-Riedberg.

De ce mariage :

1. Marie-Léopoldine, née 17 janv. 1797.

2. Victor-Ernest-François, né 12 jan. 1803.

3. Joseph, né 19 nov. 1774.

Naples. *Voyez* Sicile.

Nassau-Usingen. (Luth.).

Pr. Frédéric-Auguste, né 23 avril 1738, feld-maréchal au service de l'Empire, succède à son frère le pr. Charles - Guillaume 17 mai 1803.

marié 23 avril 1775 à Louise, fille de Charles-Auguste-Frédéric, pr. de Waldeck.

Enfans.

1 Christiane-Louise, née 15 août 1775. *V.* Bade.

2. Caroline-Frédérique, née 30 août 1777. *V.* Anhalt-Cœthen.

3. Auguste-Amélie, née 30 oct. 1778.

4. Louise-Marie, née 18 juin 1782.

5. Frédérique-Victoire, née 22 fév. 1784.

Douairière du frère le pr. régn. Charles-Guillaume.

Caroline-Félicité, fille du comte Charles-Reinhard de Linange-Heideskeim, née 2 mai 1734, veuve 17 mai 1803.

Filles du même prince.

1. Caroline-Polixene, née 4 avril 1762. *V.* Hesse, branche électorale.

2. Louise-Henriette-Caroline, n. 14 juin 1763.

Nassau-Saarbruck. (Luth.).

Douairière du dernier prince Henri-Louis-Charles-Albert de Nassau-Saarbruck.

Marie-Françoise-Maximilienne S. Maurice, Pr. de Mont-Barrey, née 2 nov. 1761, veuve 27 avril 1797.

Tante du même prince.

Anne-Caroline, née 31 déc. 1751. *V.* Brunswick-Wolfenbutel-Bevern.

Belle-Mère.

Catherine, née comtesse d'Ottweiler, née en 1757, veuve du prince Louis 1 mars 1794.

Nassau-Weilbourg. (Réf.).

Pr. Frédéric-Guillaume, né 25 oct. 1763, suc
à son père 28 nov. 1788, marié 31 juil. 1788
à Isabelle Bourggr de Kircheberg, comtesse de
Sayn - Hachenbourg, née 19 avril 1772, qu
après la mort de son grand - oncle, le dernie
bourgrave de Kircheberg, lui succéda dans le
comté de Sayn-Hachenbourg.

Enfans.

1. Georges-Guillaume-Auguste, pr. hérédit
né 14 juin 1792.
2. Henriette-Alexandrine-wilhelmine, née 3
oct. 1797.
3. Frédéric-Guillaume, né 15 déc. 1799.

Frère et sœurs.

1. Wilhelmine-Louise, née 28 sept. 176!
Voyez Reuss-Greitz.
2. Caroline - Louise - Frédérique, née 13 fé
17'0. *V.* Wied-Runkel.
3. Charles - Guill. Frédéric, né 1 mai 1775.
4. Amélie-Charlotte-wilhelmine-Louise, né
6 août 1776. *V.* Anhalt-Bernbourg-Schaumbo
5. Henriette, née 22 avril 1730. *V.* wirteml

Nassau-Dietz. (Réfor.).

Pr. Guillaume V, né 8 mars 1748, succède à
son père 22 oct. 1751, marié 4 oct. 1767 à Fr

érique-Sophie wilhelmine, fille d'Auguste-
Guillaume, pr. de Prusse.

Enfans.

1. Frédérique-Louise-wilhelmine, née 28
novemb. 1770. *Voyez* Brunswick-wolfenbuttel.
2. Guillaume-Frédéric, prince héréditaire et
prince régnant de Fulde, né 24 août 1772, ma.
oct. 1791 à Frédérique-Louise-wilhelmine,
lle de Frédéric-Guillaume II, roi de Prusse.

Enfans.

1. Guillaume-Frédéric-Henry-Louis, né 8
déc. 1792.
2. Frédéric-Guillaume-charles, né 28 fév.
1797.
3. wilhelmine-Fréd. née 1 mars 1800.

Neuwied. *Voyez* Wied.

Oettingen-Spielberg. (Cath.).

Pr. Jean-Aloys III, né 9 mai 1788, succède à
on père 28 juin 1797, sous la tutelle de sa mère.

Frère.

Charles-Frédéric-Antoine, né 29 mars 1790.

Mère.

Marie-Aloyse, fille du pr. Charles-Joseph-
Antoine d'Auersberg, veuve du pr. Jean-Aloys
II le 28 juin 1797.

F

Oncle et tantes.

1. Jeannette-Josephe, née 7 fév. 1757, coad. jutrice du chapitre de Seckingen.

2. Frédéric-Antoine, né 6 mars 1759, du chapitre d'Augsbourg.

3. Marie-Thérèse, née 17 nov. 1763, marié 13 sept. 1784 à François-Joseph, comte d. wilczebk.

4. Marie-Crescence, née 30 janv. 1765, mar au comte Joseph de Seilern 11 janv. 1795.

6. Marie-walpurge, née 29 août 1766.

V. Bretzenhein.

Fille du grand oncle, le prince Jean-Aloys-Sébas

Marie-Éléonore-Gabrielle, née 7 juill(1745. *V.* Liechtenstein,

Oettingen Wallerstein. (Cath.)

Prince-Louis-Charles-Craft, né 31 janvie 1791, succ. à son père 6 octobre 1802, sous l tutelle de son oncle le comte Philippe-Josepl

Frères et sœurs.

1. Frédéric-Craft-François, né 16 oct. 179'

2. François-Louis-Crato-Guillaume, né février 1795.

3. Charles-Anselme, né 6 mai 1796.

4. Sophie-Dorothée-Éléonore, née 27 aoû 1797.

5. Marie-Thérèse, née 13 août 1799.

6. Princesse N. N., née 13 février 1802.

fille du premier lit du père, le prince Craft-Ernest et de Marie-Thérèse, princ. de la Tour-Taxis.

7. Frédérique-Sophie-Antoinette, né 8 mai 776. *V.* Lamberg.

Mère.

Wilhelmine - Frédérique, fille de Louis-ugène, duc de Wirtemberg, veuve du prince raft-Ernest, le 6 octobre 1802.

Oncles et tante.

1. Sophie-Thérèse, née 6 décembre 1751. *Voyez* Furstemberg, deuxième branche.

2. Frédéric-Charles-Alexis, né 10 fév. 1756, hanoine au chapitre d'Augsbourg.

3. Philippe - Charles - Joseph - Nolger, né 8 svrier 1755, président du conseil impérial ulique, tuteur et régent.

Osnabruck. (Luth.)

Pr. év. Frédéric duc d'York, prince royal e la Grande-Bretagne, né 16 août 1763, marié 3 sept. 1791 à Frédérique-Charlotte-Ulrique, lle de Guillaume II, roi de Prusse.

Paar. (Cath.)

Pr. Vinceslas, né 27 janvier 1744, chambel. e l'emp. d'Allemagne, mar. 17 janv. 1768 à Marie-Antoinette, fille de Jean-Charles, pr. le Liechtenstein.

Enfans.

1. Marie-Antoinette, née 5 déc. 1768. *Voyez* Salm-Reiferscheid-Bedbur.

F 2

2. Charles-Joseph , né 15 juin 1773.
3. Thérèse-Anne-Henriette , née 1778.
4. Joseph-Jean Népomuc , né 13 avril 1780.
5. Louis-Joseph , né 3 septembre 1783.
6. Nicolas François , né 3 oct. 1785.

Sœur.

Marie-Thérèse, née 3 mai 1746, mariée 9 mai 1765 à Jean-Joseph , comte de Bouquoy.

Paderborn. (Cath.)

Pr. év. François-Égon , baron de Fursten-berg, né 10 mai 1737, élu coadjuteur 3 mai 1786 , succ. le 6 janvier 1789.

Palatinat et Bavière. (Cath.)

Première Branche Électorale.

Electeur Maximilien-Joseph IV , né 27 mai 1756, succède à son frère Charles II , duc de Deux - Ponts , 1 avril 1795 , et à l'électeur Charles - Théodore 16 fév. 1799 , marié en secondes noces 9 mars 1797 à Wilhelmine-Frédérique-Caroline , fille de Charles-Louis, prince héréditaire de Bade.

Enfans du premier lit de la princesse Marie-Wilh.
Fille du prince Georges de Hesse Darmstadt.

1. Charles-Louis-Auguste, prince électoral , né 25 août 1786.
2. Auguste-Amélie , née 21 juin 1788.
3. Charlotte Auguste , né 8 février 1792.
4. Charles-Théodore-Maximilien, né 7 juil. 1795.

Enfans du deuxième lit.

5. Élisabeth-Louise,
6. Amélie-Auguste, } nées 12 nov. 1801.

Sœurs.

1. Marie-Amélie-Auguste, née 10 mai 1752. *V.* Saxe Br. Albertine.

2. Marie-Anne, née 18 juillet 1753. *Voyez* ci-dessous Br. de Deux-Ponts Birkenfeld.

Douairière du frère duc Charles II de Deux-Ponts.

Marie-Amélie, fille de Chrétien, électeur de Saxe, veuve premier avril 1795.

Tante.

Christianne N., née 16 novemb. 1725. *Voyez* Waldeck.

Deuxième Branche, Palatinat de Deux-Ponts Birkenfeld.

Duc Guillaume, né 10 nov. 1752, marié 30 janv. 1780 à Marie-Anne, fille de Frédéric, pr. de Deux-Ponts, née 18 juillet 1753.

Enfans.

1. Marie-Élisabeth-Amélie-Françoise, née 9 mai 1784.

2. Pie-Auguste, né 1 août 1786.

Sœur.

Louise-Christianne, né 17 août 1748, veuve 26 avril 1802 de Henry ***, comte Reuss de Gara.

Troisième Branche Électorale, Palatinat de Neubourg, à Saulzbach.

Douairière de l'Électeur Charles-Théodore.

Marie-Anne-Léopoldine, fille de l'archiduc

Ferdinand d'Autriche, né 11 décembre 1776, veuve 16 février 1799.

Palm. (Cath.)

Pr. Charles-Joseph, né 24 août 1750, élevé au rang de prince le 14 juillet 1783, veuf 10 mai 1802 de Marie-Josephe, baronne de Quinpenberg-Poeteness.

Enfans.

1. Comte Charles-Joseph-Aloys, né 28 juin 1773, chambellan de l'emp. d'Allemagne.

2. Comte Joseph-Charles-Aloys, né 13 sept. 1777.

Sœur.

Marie-Josephe, née 21 août 1754, mariée en avril 1771 au comte Georges de de Bauffry, chambellan de l'empereur d'Allemagne.

Pape.

Pie VII, ci-devant Grégorio-Barnaba-Chiaramonte, né le 14 août 1742, créé cardinal le 14 février 1785, élu pape le 14 mars 1800.

Piombino.

Félix Baciocchi, prince de Luque et de Piombino. *V.* France.

Élisa, princesse impériale de France, princ. de Luque et de Piombino. *V.* France.

Portia. (Cath.)

Pr. François-Séraphin-Charles, né 20 mars

1753, marié à Barbe, comtesse de Joéchlin-gen, née 18 mai 1755.

Filles.

1. Blanche, née 1780, mariée à Ernest, comte d'Attems.
2. Béate-Barbe-Ignace-Cécile, née 22 déc. 1783.
3. Séraphine, née en 1785.
4. Clémentine, née en 1786.
5. Patience, née en 1792.

Sœur.

Dorothée, née en 1760.

Veuve du frère Joseph-Frédéric.

Anne, née comtesse de Concina, veuve en 1797.

Douairière de l'oncle le prince Alphonse Gabriel.
Marie-Béatrice, baronne de Hechbach, née 12 oct. 1732, veuve le 12 juin 1776.

Fille.

Marie-Françoise, comtesse, née 16 avril 1765, veuve de son oncle le pr. Joseph-Jean-Xavier, le 6 nov. 1785, et remariée en 1788 à François-Joseph, comte d'Aichelbourg.

Tante.

Thérèse-Alexie, née en 1712, veuve en 1797 du comte Camille de Collorédo.

Portugal. (Cath.)

Marie-Françoise-Élisabeth, reine de Portugal et des Algarves, née 17 déc. 1734, succ. à son père le 24 fév. 1777 ; veuve de son oncle Pierre III , le 25 mai 1786.

Fils.

Jean-Marie-Louis-Joseph , prince de Brésil, né 13 mai 1767, régent de Portugal le 10 juillet 1799, marié 9 janv. 1790 à l'infante Charlotte Joachime, fille de Charles IV, roi d'Espagne née 25 avril 1775.

Enfans.

1. Marie-Thérèse, princesse de Beira, née 29 avril 1793.

2. Princesse Isabelle-Marie-Francisque, née 19 mai 1797.

3. Antoine-Joseph , prince de Beira , né 12 août 1798.

4. Prince N. N., né 26 oct. 1802.

Sœurs de la reine.

1. Marie-Anne-Françoise-Rite-Jeanne, née 7 octobre 1736.

2. Marie-Françoise-Bénédictine, née 26 juil. 1746, veuve de son neveu, Joseph - François Xavier , prince du Brésil , le 11 sept. 1788.

Fils légitimés du roi Jean V.

1. Dom Antoine de Bragance, né 10 oct. 1713.

2. Dom Joseph de Bragance, grand inquisiteur , né 8 sept. 1720.

Prusse. (Réform.)

Roi Frédéric Guillaume III, né 3 août 1770, succ. à son père le roi Frédéric-Guillaume II, le 16 nov. 1797, marié 24 décembr à la princ.

Louise - Auguste - Wilhelmine - Amélie , fille de Charles - Louis - Frédéric de Mecklenbourg-Strelitz. *Enfans.*

1. Frédéric Guillaume, prince royal, né 15 octobre 1795.

2. Frédéric - Guillaume - Louis, né 22 mars 1797.

3. Frédérique-Louise-Charlotte-Vilhelmine, née 13 juillet 1798.

4. Charles-Frédéric-Alexis, né 29 juin 1801.

5. Frédérique - Wilhelmine - Alexandrine, née 23 février 1803.

Frères et sœurs.

1. Frédérique - Louise - Vilh., née 18 nov. 774. *Voyez* Nassau-Dietz.

2. Frédérique-Christine-Auguste, né 1 mai 780. *Voyez* Hesse, branche électorale.

3, Frédéric-Henry-Charles, né 30 décemb. 781, co-adjuteur du grand-maître de l'ordre e Saint-Jean à Sonnenbourg, depuis juin 1800 t capitaine au premier bataillon des gardes.

4. Frédéric-Guillaume-Charles, né 3 juillet 783, capitaine des gardes du corps, marié 12 nvier 1804 à Marianne, fille de Frédéric-ouis-Guillaume, landgrave de Hesse - Homurg.

nfans du frère le feu prince Frédéric-Louis-Charles et de Frédérique-Caroline-Sophie, princesse de Mecklenbourg-Strélitz.

1. Frédéric-Guillaume-Louis, né 30 octobre 94.

2. Frédérique-Vilhelmine-Louise-Amélie, née 30 septembre 1796.

Fille du roi Frédéric-Guillaume II, du premier lit avec Elis abeth - Christine - Ulrique, princesse de Brunswick- Wolfenbuttel.

Frédérique-Charlotte-Ulrique-Catherine, née 7 mai 1757. *Voyez* Grande-Bretagne.

Tante.

Frédérique-Sophie-Wilhelmine, née 7 août 1751. *Voyez* Nassau-Dietz.

Grand oncle.

Auguste-Ferdinand, né 23 mai 1739, grand-maître de l'ordre de Saint - Jean, au grand bailliage de Sonnebourg, marié 27 septembre 1755 à Anne-Elisabeth-Louise, fille du margr. Frédéric-Guillaume de Brandebourg-Schwedt.

Enfans.

1. Frédéric-Dorothée-Louise-Philippine, née 24 mai 1770, mariée 17 mars 1790 au prince Antoine de Radziwil.

2. Frédéric - Louis - Christian, né 18 nov. 1772, lieutenant général au service de Prusse.

3. Frédéric-Guillaume-Henry-Auguste, né 19 sept. 1779.

Douairière du grand oncle le prince Henry.

Princesse Wilhelmine, fille du landgrave Maximilien de Hesse - Cassel, veuve 3 août 1802.

Fille de Frédéric-Guillaume, margrave de Bran-debourg-Schwedt et de Sophie-Dorothée-Marie, princesse de Prusse.

Anne-Élisabeth-Louise, née 22 avril 1732.

Enfans de Henri-Frédéric Margr. de Brandebourg-Schwedt, et de Léopoldine-Marie, princesse d'Anhalt-Dessau.

1. Frédérique-Charlotte-Léopoldine-Louise, née 18 août 1745. *Voy.* Herforden.

2. Louise-Henriette Wilhelmine, née 24 sept. 1750. *Voy.* Anhalt-Dessau.

Ratisbonne. *Voy.* Archi-chancelier de l'Empire.

République Batave.

Grand Pensionnaire, S. E. M. Shimmel-penninck.

République des États-Unis.

Président, S. E. M. Thomas Jefferson, élu le 17 fév. 1801.

Reuss-Greitz. (Luth.)

Pr. Henri XIII, né 16 fév. 1747, lieutenant-gén. feld-mar. au service de l'emp. succ. a son père 28 juin 1800, mar. 9 janv. 1786 à Wilhel.-Louise, fille du pr. Charles de Nassau Weil-bourg. *Enfans.*

1. Henri XIX, né 1 mars 1790.

2. Henri XX, né 29 juin 1794.

Frères et Sœurs.

1. Frédérique-Marie-Jeanne, née 8 juillet 1748. *Voy.* Hohenlohe-Kirchberg.
2. Henri XV, né 22 fév. 1751.
3. Isabelle-Auguste, née 7 août 1752, douairière de Guillaume-Fréd. Bourgrav de Kirchberg le 7 février 1777.
4. Ernestine-Espérance-Victoire, née 20 juin 1756. *Voy.* Isenbourg-Birstein.
5. Henri XVII, né 25 mai 1761.

Belle-mère.

Chrétienne - Alexandrine - Catherine, née comtesse de Deinigen-Heidesheim, née 25 nov. 1734, veuve 28 juin 1800.

Reuss-Lobenstein. (Luth.)

Pr. Henri XXXV, né 19 nov. 1738, succède à son père 6 mai 1782, élevé au rang de prince le 9 oct. 1790.

Rosemberg. (Cath.)

Pr. François-Séraphin, né 18 oct. 1762, succ. à son oncle Wolfgang François-Xavier le 14 nov. 1796; mar. 21 déc. 1786, à Marie-Caroline, fille du comte François-Antoine de Khévenhuller-Metsch.

Enfans.

1. Comte Vincent, né 29 mai 1787.
2. Comte Ferdinand, né 7 sept. 1790.
3. Comte François Xavier, né 3 nov. 1794.
4. Comt. Marie-Thérèse, née 25 sept. 1798.

Frères et Sœurs.

1. Comt. Marie-Dominique, née 12 juil. 1763, veuve du comte de Koller.
2. Comte Léopold, né 4 mai 1764.
3. Comte Vincent, né 20 août 1765.
4. Comt. Marie-Cécile, née 30 sept. 1766, mar. 11 juillet 1786 à Gérôme comte de Lodron.
5. Comt. Marie-Séraphine, née 3 juill. 1749.

Mère.

Julie, née comt. de Stubenberg, née 26 juin 738, veuve du comte Vincent-Ferrarius le 3 juillet 1794.

Frère du dernier prince régnant.

Comte Wolfgang Philippe, né 4 juin 1734, commandeur de l'ordre teutonique à Oerdingen.

Russie. (Grecque.)

Empereur Alexandre I Paulowitsch, né 23 déc. 1777, succ. à son père Paul 1er le 24 mai 1801 ; mar. 9 oct. 1793 à Elisabeth Alexandrin. -devant Louise-Marie-Auguste, fille de Charles Louis, pr. héréd. de Bade.

Frères et sœurs.

1. Constantin Paulowitz, grand duc, né 8 mai 1779; mar. 26 fév. 1796 à Anne Féodorowna, -dev. Julie-Henriette-Ulrique, fille de François duc de Saxe-Cobourg-Saalfeld.
2. Marie Paulowna, née 15 fév. 1786.
3. Catherine Paulowna, née 21 mai 1788.
4. Anne Paulowna, née 18 janv. 1795.
5. Nicolas Paulowitsch, né 2 juillet 1796.

G

6. Michel Paulowitsch , né 8 fév. 1798.

Mère.

Marie Féedorowna , Sophie - Dorothée - Au¬ guste , fille du duc Frédéric-Eugène de Vürtem berg, veuve de l'emper. Paul Ier le 24 mars 180

Salm-Salm. (Cath.)

Prince Constantin-Alexandre , né 22 noven 1772, succ. à son oncle 29 juillet 1778 , mar. e secondes noces le 4 févr. 1788 à Marie , fille d comte Chrétien de Sternberg , née 11 mai 177 *Fils du 1er lit avec Félicité, princ. de Lœwenstei Wertheim.*

1. Guillaume-Florentin , Louis-Charles , p héréd. né 17 mars 1786.

Enfans du deuxième lit.

2. Georges-Léopold-Maxim. Christop. né août 1793.

3. Éléonore, née 6 déc 1794.

4. Jeanne, née 5 août 1796.

5. Auguste, né 29 janv. 1798.

6. Sophie, née 1er nov. 1799.

7. François-Fréd.-Philippe, né 5 juill. 180

Frères.

1. Georges-Adam-François , né 26 mai 176

2. Guillaume-Florentin-Fréd. né 28 septer bre 1769.

3. Louis-Otton Oswald , né 12 juillet 177 colon. au service du roi de Sardaigne.

Oncles et tantes.

1. Marie-Françoise-Josephe, née 28 oct. 17 *Voy.* Starhemberg.

2. Marie-Anne, née 17 fév. 1740, veuve de dom Pedro d'Alcantara, duc d'Infantado, 10 juin 1790.

3. Emmanuel-Henri-Nicolas-Léop. né 22 mai 1742, command. de Calatrava.

4. François-Joseph-Jean-André, né 30 nov. 1743.

5. Guillaume-Florentin-Joseph, né 10 mai 1745, archevêque de Prague.

Douairière de l'oncle prince Charles.

Marie-Jeanne, née baronne de Leersbach, née 10 avril 1753, veuve le 1 fév. 1796.

Fils.

François-Louis, né 1 août 1773, capitaine de hussards au service de l'emper. d'Allem.

Salm-Kyrbourg. (Cath.)

Pr. Frédéric IV, né 14 déc. 1789, succ. à son père Frédéric-Jean Otton 25 juin 1794.

Oncle et tantes.

1. Auguste-Frédérique Wilh, née 13 sept. 1747. *Voy.* Croy.

2. Amélie Zéphirine, née 6 mars 1760. *Voy.* Hohenzollern-Sigmaningen.

3. Maurice-Gustave-Adolphe, née 27 sept. 1761, tuteur et régent; mar. 11 avr. 1782 à Christiane-Marie-Louise, comt. de Würtemberg, née 5 août 1758-

Salm-Reifferscheid. (Cath.)

Pr. Charles-Joseph, né 3 avr. 1750, élevé au

rang de prince le 9 oct. 1790 ; mar. en secondes noces à Marie-Antoinette, fille du pr. Venceslas de Paar.

Fils du premier lit de Pauline , fille du pr. Charles-Joseph-Antoine d'Auerberg.

François-Joseph , née 1 avril 1776.

Frère et sœur.

1. C. François-Xavier, né 1 fév. 1749, pr. évêq. de Gurk.

2. Marie-Thérèse, née 28 août 1757, veuve de Frédéric, comte de Kagenak.

Mère.

Comt. Raphaële , fille du comte Charles-Louis de Roggendorf, né 25 mai 1726, veuve du comte Antoine le 6 avril 1769.

Salm-Reiferscheid-Krautheim. (Cath.)

Pr. François-Guillaume, né 27 avril 1772, élevé au rang de pr. en 1803, mar. à Françoise, fille du pr. Louis-Charles de Hohenlohe-Barstenstein, 15 nov. 1796.

Enfans.

1. Constantin , né 4 août 1798.
2. Eléonore , née 13 juillet 1799.
3. Louise , née 13 juin 1802.

Frères et sœurs.

1. Maximilienne, née 25 avril 1765, princ. abesse d'Etten.

2. Crescence, née 29 août 1768. *Voy.* Hohen-lohen-Bartestein.

3. Auguste , né 20 sept. 1769.

4. Françoise, née 14 avril 1775.
5. Clément, née 15 fevr. 1776.
6. François-Joseph, né 28 mars 1778.
7. Marie-Charlotte, né 6 avril 1779.
8. Antoinette, née 18 juillet 1780.

Mère.

Eléonore, comtesse de Truchsefs-Zel-Wur-
zach, veuve du comte Sigismond en 1798.

Salzbourg. (Cath.)

Ferdinand-Joseph-Jean, prince impérial,
archiduc d'Autriche, né 6 mai 1769, électeur
de Salzbourg, 27 avril 1803, veuf 19 sept. 1802
de Louise-Marie-Amélie, princesse de Naples
et de Sicile.

Enfans.

Léopold-Jean-Joseph, prince héréditaire, né
3 octobre 1797.
Thérèse-Françoise-Josephe, n. 21 mars 1801.

Sardaigne. (Cath.)

Roi Victor-Emanuel V, né 24 juillet 1759,
succède 4 juin 1802, par cession de son frère le
Roi Charles Emmanuel IV ; mar. 21 avr. 1789 à
Marie Thérèse, fille de Ferdinand, archiduc
l'Autriche.

Filles.

1- Marie-Béatrice-Victoire-Josephe, née 6
décembre 1792.
2. Marie-Thérèse-Ferdin. Pie,   } nées 19
3. Marie-Anne-Caroline Pie,   } sept. 1803.

C 5

Frères et sœurs.

1. Roi Charles-Emmanuel IV, né 24 mai 1751, remet le sceptre entre les mains de son frère 4 juin 1802; veuf le 7 mars 1802 de Marie-Adélaïde de France.

2. Marie-Josephe, née 2 sept. 1753.

3. Marie-Thérèse, née 31 janv. 1756.

4. Marie-Anne-Caroline, née 17 déc. 1757. *Voy.* ci-dessous.

5. Charles-Félix-Joseph, né 16 avril 1765.

Fils de Charles-Emmanuel III, grand-père du roi et d'Elisabeth-Thérèse, duchesse de Lorraine, sa troisième femme.

Benoît - Marie - Maurice, né 21 juin 1741; marié 19 mars 1775 à Marie-Anne-Caroline, fille de Victor-Amédée III, roi de Sardaigne, née 17 déc. 1757.

Douairière de feu Prince Charles-Emmanuel-Ferdinand, mort 16 août 1800.

Marie - Christine - Albertine, fille du duc Charles de Saxe et Courlande, née 7 déc. 1779, veuve 16 août 1800.

Enfans.

1. Charles, né 1 oct. 1798.

2. Princesse NN. née en 1799.

Tantes.

1. Léopoldine-Marie, née 21 déc. 1744, mar. 6 mai 1767 au pr. André de Doria Pamphili.

2. Catherine-Marie, née 4 avril 1762, mariée en décembre 1780 à Philippe Colonne, prince de Palljano.

Saxe.

Branche Ernestine.

Saxe - Gotha. (Luth.)

Duc Auguste, né 23 nov. 1772, succède à son père Ernest II 20 avril 1804, marié en secondes noces 24 avril 1802 à Caroline-Amélie, fille de Guillaume I, électeur de Hesse, née 11 juillet 1751.

Fille du premier lit de Louise-Charlotte, princesse de Mecklenbourg-Schwérin.

Dorothée-Louise-Pauline-Charlotte-Frédérique-Auguste, née 21 décembre 1800.

Frère.

Frédéric, né 28 nov. 1774.

Mère.

Marie - Charlotte - Amélie, fille d'Antoine-Ulric, duc de Saxe-Meinengen, née 11 sept. 1751, douairière du duc Ernest II, 20 avril 1804.   *Oncle.*

Auguste, né 14 août 1774.

Filles du prince Jean - Auguste et de Louise, comtesse Reuss de Schleitz.

1. Auguste-Louise-Frédérique, né 30 nov. 1752. *Voyez.* Schwarzbourg-Roudolstadt.

2. Louise, née 9 mars 1756. *V.* Mecklenbourg-Schwérin.

Saxe-Méningen. (Luth.)

Duc Bernard-Érich-Ferdin., né 4 décembre

1800, succéda à son père le 24 déc. 1803, sous
la tutelle de sa mère.

Sœurs.

1. Amélie-Adélaïde-Louise-Thérèse-Caroline, née 3 août 1792.
2. Ida, née 25 juin 1794.

Mère.

Duchesse Louise-Éléonore, fille de Chrétien-Albert, prince de Hohenlohe - Laugenbourg, douairière du duc Georges, 24 décembre 1803, tutrice et régente.

Tantes.

1. Marie-Charlotte-Amélie-Ernestine, né 11 sept. 1751. *Voyez* Saxe-Gotha.
2. Wilhelmine - Louise - Christiane, née 6 août 1752. *Voyez* Hesse-Philippsthal.

Saxe-Hildbourghausen. (Luth.)

Duc Frédéric, né 29 avril 1763, succ. à son père le 23 sept. 1780, marié 3 sept. 1785 à Charlotte-Géorgine-Louise-Frédérique, fille de Charles-Louis-Frédéric, duc de Mecklenbourg-Strelitz. *Enfans.*

1. Catherine-Charlotte-Géorgine, née 7 juin 1787.
2. Joseph-Georges-Frédéric, pr. héréditaire, né 27 août 1789.
3. Thérèse - Charlotte - Louise - Frédérique-Amélie, née 8 juillet 1792.
4. Charlotte - Louise - Frédérique - Amélie-Alexandrine, née 28 janvier 1794.

5. Georges-Charles-Frédéric, né 24 juillet 1796.

6. Frédéric-Guillaume-Charles-Joseph, né octobre 1801.

Saxe-Saulfeld-Cobourg. (Luth.)

Duc François, né 15 juillet 1750, succ. à son ère 8 sept. 1800, marié en secondes noces le 3 juillet 1777 à Auguste - Caroline - Sophie, lle de Henry XXIV, comte Reuss-d'Ébersorf, née 20 janvier 1757.

Enfans.

1. Sophie-Frédérique-Caroline-Louise, née 3 août 1778.
2. Antoinette-Ernestine-Amélie, née 28 août 79. *Voyez* Wirtimberg.
3. Julienne - Henriette-Ulrique, actuellem. Anna - Feodorowna, née 22 sept. 1781. *Voyez* Russie.
4. Ernest-Frédéric-Antoine, prince hérédit. 2 janvier 1784, général-major au service de Russie.
5. Ferdinand-Georges-Auguste, né 28 mars 1785, général major au service de Russie.
6. Marie-Louise-Victoire, née 27 août 1786. V. Leiningen.
7. Léopold-Georges-Chrétien-Frédéric, né 16 déc. 1790.   *Frère et sœur.*
1. Carol.-Ulrique-Amélie, née 19 oct. 1753.
2. Louis-Charles-Frédéric, né 2 janv. 1755, au service de l'emp. d'Allem.

Oncle et tante.

1. Charlotte - Sophie , née 24 janv. 1731
V. Mecklenbourg-Schéwérin.

2. Frédéric-Josse, né 26 déc. 1737 , feld-ma
réchal de l'empereur et de l'empire d'Allem.

Saxe-Weimar et Eisenach. (Luth.)

Duc Charles-Auguste, général de cavaleri
au service de Prusse, né 3 sept. 1757 , succ
à son père le 28 mai 1758 ; déclaré majeur
septembre 1755, marié 3 octobre 1755 à Louise
fille du landgrave Louis IX , de Hesse-Darm
stadt.

Enfans.

1. Charles-Frédéric, prince héréditaire, lieu
tenant général au service de Russie , né
février 1783.

2. Caroline-Louise , née 17 juillet 1786.
3. Charles-Bernard , né 30 mai 1792.

Mère.

Anne-Amélie , fille de Charles, duc de Brun
wick-Wolfenbuttel, douairière du duc Ernes
Auguste-Constantin , le 28 mai 1758.

Saxe.

Branche Albertine. (Cath.)

Electeur Frédéric-Auguste, né 23 déc. 1750
succ. à son père 17 déc. 1763 , marié 29 jan
1769 à Marie-Amélie-Auguste, fille de Frédéri
prince , palatin de Deux-Ponts.

Fille.

Marie-Auguste, née 21 juin 1782.

Frères et sœurs.

1. Antoine, né 27 déc. 1755, marié en secondes noces le 18 oct. 1787 à Marie-Thérèse, fille de l'emp. Leopold II.

2. Marie-Amélie, né 26 sept. 1757. *V. Palat.*

3. Maximilien, né 1759, veuf premier mars 1804 de Caroline Marie - Thérèse, fille de Ferdinand, duc de Parme.

Enfans.

1. Marie-Amélie-Frédéric-Auguste, née 10 août 1794

2. Marie-Ferdinande-Amélie, née 27 avril 1796

3. Frédéric-Auguste, né 19 mai 1797.

4. Clément-Marie Joseph, né 1 mai 1798.

5. Marie-Anne-Caroline, née 14 nov. 1798.

6. Jean-Népomuc-Marie, né 12 déc. 1801.

7. Marie-Josephe, né 6 déc. 1803.

4. Marie-Anne, né 27 février 1761.

Oncles et tantes.

1. François-Xavier, né 25 août 1730.

2. Marie-Élizabeth, née 9 février 1736.

3. Albert, duc de Saxe-Teschen, feld-maréchal de l'empereur et de l'empire d'Allemag., veuf le 24 juillet 1798 de Marie-Christine, fille de l'empereur françois I.

4. Clément - Venceslas, né 28 sept. 1793, ci-devant électeur de Trèves.

5. Marie - Cunégonde, née 10 nov. 1740. V. Essen.

Sayn-Witgenstein-Berlebourg. (Réf.).

Pr. Frédéric-Albert-Louis-Ferdinand, né 1 mai 1777, succède à son père 4 oct. 1800.

Frères et sœurs.

1. François-Auguste-Guillaume, né 17 aoû 1778.
2. Edvig-Georges-Louis, né 17 sept. 1780.
3. Charles-Louis-Alexandre, né 7 nov. 1781
4. Caroline-Frédérique-Jacobine-Louise, né 2 février 1783.
5. Jean-Louis-Charles, né 29 juin 1786.
6. Auguste-Louis, né 6 mars 1788.
7. Charles-Frédéric-Maximilien, né 22 avr 1789.

Mère.

Charlotte - Frédérique - Françoise, fille d comte Chrétien-Jean de Linange Westerboui Crunstadt, née 19 août 1759, veuve 4 octobi 1800 du pr. Chrétien-Henri.

Tantes.

1. Louise-Wilhelmine, née 13 mai 1747.

V. Neuwied.

2. Sophie-Amélie, née 10 juillet 1748.

Schombourg-Waldenbourg. (Luth.).

Pr. Othon-Victor, né 1 mars 1785; succède son père le 29 janvier 1800.

Frères et sœurs.

1. Caroline - Alexandrine - Henriette - Jean nette, née 4 oct. 1780, mariée 4 juil. 1799 Henri, comte héréditaire de Stollberg Wern gérode, née 25 déc. 1772.

2. Victoire-Albertine, née 9 août 1782.

3. Julie-Ernestine, née 26 sept. 1783.

4. Frédéric-Alfred, né 24 avril 1786.

5 Henri-Edouard, né 11 oct. 1787.

6. Marie Clémentine, née 9 mars 1789.

7. Otton Herman, né 18 mars 1791.

Mère.

Henriette-Eléonore-Elisabeth, fille de Henri XIII, comte de Reuss-Plauen, née 28 mars 55, veuve du pr. Otton-Charles-Fréderic le janvier 1800.

chwarzbourg-Sondershausen, (Luth.).

Pr. Gunther - Frédéric - Charles, né 5 déc. 60, succède à son père 14 oct. 1794, ma.ié juin 1799 à la pr. Wilhelmine-Frédérique-roline de Schwarzbourg-Roudolstadt.

Enfant.

1. Emile-Fréd.-Caroline, née 23 avril 1801.

Frère et sœurs.

1. Gunther-Albert-Auguste, né 6 sept. 1767.

2. Caroline-Auguste-Albertine, née 19 fév. 69, doyenne du chapitre de Herford.

3. Albertine-wilhelmine-Amélie, née 5 avril 71. *V.* Wirtemberg

Oncle.

Auguste, né 8 déc. 1738, marié 27 avril 1762 Christine-Elisabeth-Albertine, fille de Victor: rédéric, pr. d'Anhalt-Bernbourg.

Enfans.

1. Albertine-Caroline-Auguste, née 1 févrie 68. *V.* Waldeck.   H

2. Guillaume - Louis - Gunther , né 16 juill
1770, colonel au service de l'emp. d'Allemagn

3. Frédérique-Albertine-Jeanne-Elisabet|
née 4 oct. 1774, mariée 1 juin 1796 au comte (
S. Empire , Frédéric-Charles de Sayn-Witg
11stein et Hohenstein.

Fille du feu pr. Frédéric-Charles-Albert.

Guntherine-Frédérique-charlotte-Albertin(
née 24 juillet 1791.

Scwarzbourg-Roudolstadt. (Luth.).

Pr. Louis-Frédéric , né 9 août 1767 , mar
21 juillet 1791 à Caroline-Louise , fille de Fré
Louis - Guillaume - Chrétien , landgrave (
Hesse-Hombourg.   *Enfans.*

1. Fréd. Gunther , pr. héréd. né 6 nov. 179
2. Thécla , née 23 fév. 1795.
3. Albert , né 30 avril 1798.
4. Bernard , } nés 23 juin 1801.
5. Rodolphe ,

Frère et sœurs.

1. Charles-Gunther , né 23 août 1771 , mar
19 juin 1793 à Louise-Ulrique , fille de Fré
ric-Louis-Guillaume-Chrétien , landgrave (
Hesse-Hombourg.

2. wilhel.-Frédé.-caroline, née 22 janv. 177
V. Schwarzbourg-Soudershausen.

3. Christiane-Louise , née 2 nov. 1775.

Mère.

Auguste-Louise-Frédérique,fille du pr. Jea
Auguste de Saxe-Gotha , veuve 13 avril 1793.

Schwarzenberg. (Cath.).

Pr. Joseph-Jean, né 27 juin 1769, succède à son père 5 nov. 1789, marié 28 mai 1795 à Pauline-Charlotte, fille du duc Louis-Engelbert d'Aremberg.

Enfans.

1. Marie-Eléonore-Philippine-Louise, née 1 sept. 1796.
2. Marie-Pauline-Thérèse-Eléonore, née 20 mars 1798.
3. Jean-Adolphe-Joseph-Auguste-Frédéric, pr. héréditaire, né 22 mai 1799.
4. Félix-Louis-Jean-Frédéric, né 2 oct. 1800.
5. Louise-Eléonore-Marie, née 8 mars 1803.
6. Mathilde-Thérèse-Eléonore, née 1 avril 804.

Frères et sœurs.

1. Charles-Philippe, feld-maréchal au service de l'emp. d'Allemagne, né 15 avril 1771, marié 8 janv. 1799 à Marie-Anne, veuve du prince 'Esterhazy, comtesse de Hohenfeld, née 20 mai 1768.

Enfans.

1. Frédéric-Charles, né 30 sept 1799.
2. Charles-Philippe, né 21 janv. 1802.

2. Ernest-Joseph-Jean-Népom. chanoine du chap. de Salzbourg, né 29 mai 1773.
3. Marie-Caroline-Thérèse-Régine, née 7 sept. 1775. *Voy.* Lobkowitz.
4. Marie-Thérèse-Eléonore, née 14 octobre 1780. *Voy.* Furstemberg, branche subsidiale.

H 2

5. Eléonore-Sophie-Thérèse Walpurge, né
11 juill. 1783.

Deux-Siciles. (Cath.)

Ferdinand IV, infant et frère du roi d'Es
pagne, né 12 janv. 1751, roi de Naples et de
Deux-Siciles, 5 oct. 1759, marié 7 avril 1768
Marie-Caroline-Louise, archiduchesse d'Au
triche, reine des Deux-Siciles, tante de l'Em
pereur d'Allemagne, née 8 août 1752.

Enfans.

1. François-Janvier-Joseph, prince de Naple
et de Sicile, né 15 août 1777, veuf de Marie
Clémentine-Josephe d'Autriche, sœur de l'Em
pereur; rémarié 6 oct. 1802 à
L'Infante Marie-Isabelle, fille de Charles IV
roi d'Espagne.

Enfans du premier lit.

  1. Marie-Caroline-Thérèse-Louise, née
    nov. 1798.
  2. Ferdinand-François d'Assise, né 26 aoû
    1800.

2. Marie-Thérèse-Caroline, né 7 juin 1772
Voy. Autriche.

3. Marie-Christine-Thérèse, née 17 janvier
1779.

4 Marie-Amélie, née 26 avril 1782.

5. Marie-Antoinette-Thérèse, née 14 déc.
1784. *Voy* Espagne.

6. Léopold-Jean Joseph, pr. de Naples et de
Sicile, né 2 juill. 1790.

Sinzendorf. (Cath.)

Prince Prospère, né 23 fév. 1751, élevé au rang de prince depuis 1803.

Frères et sœurs.

1. Rosine, née 6 juillet 1754, mariée 20 oct. 1777 à Alexandre comte de Serbelloni.
2. Vinceslas, né 2 août 1755.
3. Rodolhe, né 8 avr. 1757.
4. Marie-Anne, veuve de François-Xavier Comte de Thurn et Valsassina juin 1790. } nés 9 juillet 1758.
5. Frédéric.
6. Jean-Charles, né 27 oct. 1759, chevalier de l'ordre teutonique.
7. François, né 7 déc. 1762.

Solms-Braunfels. (Réform.)

Pr. Guillaume-Chrétien-Charles, né 9 janv. 1759, marié 6 oct. 1792 à Françoise-Auguste, comtesse de Grumbach, née 7 juillet 1771.

Enfans.

1. Vilhelmine-Caroline-Frédérique, née 20 sept. 1793.
2. Sophie-Auguste, née 24 fév. 1796.
3. Frédéric-Guillaume-Ferdinand, prince hérédit. né 14 déc. 1797.
4. Charles-Guillaume-Bernard, né 9 av. 1800.

Frères et Sœurs.

1. Guillaume-Henri-Casimir, né 30 avril 1765, colonel de hussards au service de l'électeur de Hesse-Cassel.

H 3

2. Louise-Caroline-Sophie, née 7 juill. 1766,

3. Charles-Auguste-Guillaume-Frédéric, né 9 oct. 1768, colonel au service de l'Electeur Palatin,

4. Frédéric-Guillaume, né 22 octobre 1770, major d'un régiment de hussards au service de Prusse, marié en 1798 à la princesse Frédérique-Caroline-Sophie de Meklenbourg-Strélitz, veuve du prince Louis de Prusse.

Fils.

Frédéric-Guillaume-Henri-Casimir-George-Charles, né 30 décembre 1801.

5. Louis-Guillaume-Chrétien, né 26 octobre 1771, lieuten.-colon. au service de Hesse.

Oncles.

1. Charles-Louis-Guillaume, né 14 juin 1721,

2. Guillaume-Christophe, né 20 juin 1732.

3. Louis-Adolphe-Guillaume, né 25 août 1733.

4. Antoine-Ernest-Guillaume-Frédéric, né 3 sept. 1739, lieuten.-général feld-maréch. de l'Empire.

Tantes.

1. Amélie-Eléonore, née 22 nov. 1734. Vo. Anhalt-Bernbourg-Schaumbourg.

2. Madelaine-Sophie, née 4 juin 1741. Vo. Anhalt-Bernbourg-Schaumbourg.

3. Christine-Charlotte-Frédérique, née 3 août 1744, veuve de Simon-Adolphe, comte de Lippe-Detmold, 1 mai 1781.

Solms-Lich, ou Hohen-Solms. (Réf.)

Prince-Charles-Louis-Auguste, né 7 av. 1762, succ. à son père 22 mars 1803; marié 16 sept. 1802 à Henriette - Sophie, née comtesse de Betheim-Steinfurt.

Fils.

Prince N. N. né 1. août 1803.

Frère et sœur.

1. Frédéric-Alexandre, né 18 juin 1763.
2. Marie-Caroline, née 6 janv. 1767.

Starhemberg. (Catho.)

Pr. Georges-Adam, né le 10 août 1724, mar. en secondes noces le 1 juin 1761 à Marie-Françoise-Josephe, princesse de Salm-Salm.

Fils.

Louis-Joseph-Marie, né 12 mars 1762, mar. 22 sept. 1781 à Louise-Françoise, fille du duc Charles d'Aremberg.

Enfans.

1. Ernestine, née 8 oct. 1783.
2. Georges-Adam, né 1 août 1785.
3. Françoise-Anne, née 1 janv. 1787.
4. Léopoldine, née 29 décemb. 1794.
5. Georges, né 26 janv. 1801.

Stolberg-Gedern. (Luth.)

Sœur du dernier Prince Charles-Henri, mort 5 janvier 1804.

Louise, née 13 octobre 1764. *V.* Virtemberg.

(98)

Douairière du prince Gustave-Adolphe.

Elisabeth-Philippine-Claudine, fille du pr. Maxim.-Emmanuel de Horn, née 16 mai 1733, veuve le 5 déc. 1757.

Enfans.

1. Louise-Maxim. née 21 sept 1752, veuve de Charles-Edouard, pr. Stouart et comte de St.-Alban, le 31 janv. 1785.

2. Caroline-Auguste, née 10 févr. 1755, veuve de Charles-Bernard-duc de Berwik, le 6 sept. 1787.

3. Françoise-Claudine, née 27 juin 1756; mar. 6 nov. 1774 à Nicolas comte d'Asperg et Valengin.

4. Thérèse-Gustavine, née 27 août 1757.

Suède. (Luth.)

Gustave-Adolphe, né 1 nov. 1778, roi de Suède, 29 mars 1792, marié 31 oct. 1797 à Frédérique Dorothée Wilhelmine de Bade, née 12 mars 1781.

Enfans.

1. Gustave, prince-royal, né 9 nov. 1799.

2. Charles-Gustave, duc de Finlande, né 2 déc. 1802.

3. Sophie-Vilhelmine, née 21 mai 1801.

Mère.

Sophie-Madelaine de Danemarck, née 13 juillet 1746, veuve 21 mai 1792 de Gustave III, roi de Suède.

Tantes.

1. Veuve de Charles, pr. de Suède, duc de Sudermanie, né 7 oct. 1748, Hedwige - Elisabeth-Charlotte de Holstein - Oldenbourg, née 22 mars 1759.

2. Sophie-Albertine, princesse de Suède, née 8 oct. 1753. *Voy.* Quedlinbourg.

Tour et Taxis. (Cath.)

Pr. Charles-Anselme, né 2 juin 1733, veuf d'Auguste-Elisabeth, fille du duc Charles-Alexandre de Wirtimberg le 4 juin 1787.

Enfans.

1. Charles-Alexandre, pr. héréd. né 22 fév. 1770, commissaire principal de l'Empereur auprès de la diete de l'Empire; marié 25 mai 1789 à Thérèse - Mathilde - Amélie, fille de Charles-Louis-Frédéric pr. de Mecklenbourg-Stréelitz. *Enfans.*

   1. Marie-Thérèse, née 6 juillet 1794.

   2. Marie-Sophie-Dorothée, n. 4 mars 1800.

   3. Maximilien-Charles. né 2 nov. 1802.

2. Fréd.-Jean-Népom. Jérôme-Antoine, né 1 avril 1772.

Frère et sœurs

1. Marie-Thérèse, née 28 fév. 1755, mar. le 0 août 1780 à Ferdinand-Antoine-Chrétien, comte d'Aleield.

2. Marie-Anne-Josephe, née 28 sept. 1766.

3. Elisabeth, née 30 nov. 1767. *Voy.* Furstemberg-Stulingen.

4. Maximilien-Joseph, né 29 mai 1769, mar.
6 juillet 1791 à Marie-Eléonore, fille du prince
Auguste-Antoine-Joseph de Lobkowitz.

Enfans.

1. Charles-Anselme, né 8 juin 1792.
2. Auguste, né 22 avril 1794.
3. Joseph, né 3 mai 1796.
4. Théodore, né 17 juillet 1797, colonel au
service de l'électeur Palatin.
5. Frédéric-Annibal, né 3 sept. 1799.
6. Guillaume, né 11 novembre 1801.

Branche Italienne.

Veuve du prince Michel.

Jeanne, comtesse de Lodron, née 19 février
1736, veuve 17 décembre 1789.

*Filles du premier lit, avec Marie-Aloyse de
Martigny.*

1. Marie-Thérèse, née en 1744, mariée au
comte Louis de Khévenhuller.
2. Constance, née 10 juillet 1746.
3. Antoine, née en 1748.
4. Josephe, née en 1764, mariée à Antoine,
marquis Valenti-Gonzaga.

Truchsess-Waldbourg. (Cath.).

Première branche de Wolfegg-Valdsée.

Pr. Joseph-Antoine, né 20 fév. 1766, élevé
au rang de pr. avec les deux autres branches de
sa maison, le 21 mai 1803, marié 5 mars 1789
à Josephe, fille d'Anselme, comte de Sugger-
Babenhausen.

Enfans.

1. Walpurge, née 6 déc. 1791.
2. Caroline, née 30 déc. 1792.
3. Gebhard, né 14 août 1797.
4. Antoine, né 9 déc. 1798.
5. Marie Anne, née 9 nov. 1799.

Sœurs.

1. Thérèse, née 26 avril 1756, veuve d'Antoine, baron d'Ulm, chambellan de l'emp.

2. Marie-Walpurge, née 30 janv. 1759, chanoinesse du chapitre de Buchau.

3. Josephe, née 11 juillet 1762, mariée en secondes noces au comte de Firmass, colonel au service de Russie.

4. Marie-Sidonie, née 4 sept. 1763, chanoinesse des chapitres de Sustern, Thorn, ect.

5. Crescence, née 19 mars 1767.

Deuxième branche de Zeil-Trauchbourg.

Pr. Maximilien Wunibald, né 20 août 1750, marié en secondes noces le 18 fév, 1798 à Marie Anne, fille du comte Ferdinand de Truchsess-wolfegg-waldsée.

Enfans du premier lit, de Marie-Jeanne, baronne de Hornstein.

1. François, né 16 octobre 1778.

2. Marie-Thérèse, née 9 fév. 1780, mariée à François, baron de Bodmann.

3. Josephe, née 16 sept. 1786, chanoinesse du chapitre de Buchau.

Enfans du deuxième lit.

4. Othon, né 8 novembre 1739.

I

5. Maximilien, né 8 octobre 1799.

6. Jeanne, née 6 août 1801.

7. Guillaume, né 22 décembre 1802.

Frère.

1. Clément, né 18 août 1753, marié 12 sept. 1799 à Marie-walpurge, comtesse de Harrach.

Fils.

Charles, né 18 août 1785.

2. Sigismond, prince évêque de Chiemsée, né 28 août 1754.

3. Ferdinand, chanoine du chapitre de Salzbourg, né 4 novembre 1766

Troisième branche de Zeil-Wurzach.

Pr. Evrard Ernest, né 20 déc. 1719, pr. aîné de la maison, veuf 4 avril 1796 de Marie-Catherine, comtesse de Fugger-Clott.

Enfans.

1. Thérèse, née 9 déc. 1770, abbesse du chapitre de Vréde.

2. Charles, né 31 janvier 1773.

3. Antoinette, née 8 mars 1774. *V.* Fugger-Babenhausen.

4. Maximilienne, née 30 août 1776, mariée à François, comte Schenck de Castell.

5. Evrard, né 14 juin 1778.

6. Cunégonde, née premier nov. 1781.

7. Marie-Jeanne, né 30 déc. 1782.

8. Marie-walpurge, née 15 août 1785.

Enfans du fils aîné, comte Léopold.

1. Marie-walpurge, née 13 sept. 1794.

2. Léopold, né 11 nov. 1795.

3. Maximilien, né premier nov. 1796.
4. Josephe, née 25 juillet 1798.

Douairière de ce prince.

Walpurge, fille d'Anselme-Joseph, comte e Fugger-Babenhausen, veuve en juin 1800.

Frères et sœurs.

1. François, né 29 décembre 1733, comman-eur de l'ordre Teutonique à Meinau.
2. Éléonore, née 22 oct. 1735, veuve de igismond, comte de Salm-Reifercheid-edbur.
3. Auguste, né 11 sept. 1743, veuve 17 août '75 de Jean-François, comte de Salm-Rei-rscheid-Dyk.
4 Thomas, né premier sept. 1747.
5. Antoinette, née 6 juin 1753. *V.* Hohen-llern-Héchingen.

Turquie. (Mahom.)

Sultan Sélim III, fils du sultan Moustapha, 24 déc. 1761, proclamé empereur 7 avril 89.

waldeck. (Luth.)

Pr. Frédéric, né 25 oct. 1713, succède à son are le 29 août 1763.

Frères et sœurs.

1. Georges, né 6 mai 1747, marié 12 sept. 184 à la pr. Albertine-Charlotte Auguste de hwarsbourg-Sondershausen.

1

Enfans.

1. Christiane-Frédérique-Auguste, née 2 mars 1787, ab. du chap. de Schaaken
2. Georges-Frédéric-Henri, né 20 sept. 1789.
3. Frédéric-Louis-Hubert, né 2 nov. 1790.
4. Jean-Louis, né 24 sept. 1794.
5. Ida, née 26 sept. 17 6.
6. Wolrad-Georges-Charles, né 23 avri 1798.
7. Prince Mathilde, né 10 avril 1800.

2. Louise, née 29 janvier 1750. *V.* Nassau Usingen.

Mère.

Christine, fille du prince palatin de Deux-Ponts, Chrétien III, douairière du pr. Charles Auguste-Frédéric, le 29 août 1763.

Vallais, république.

C. Antoine-Augustin, grand bailli.
C. Pierre-Antoine-Preux, vice-bailli.

wied-Runkel. (Réform.)

Pr. Charles-Louis-Frédéric-Alexandre, né 2 sept. 1763, marié 4 sept. 1787 à Caroline Louise, fille du prince Charles de Nassau Weilbourg.

Frères.

1. Frédéric-Louis, né 30 janv. 1770, lieut colonel au service de l'empereur.
2. Chrétien-Frédéric-Louis, né 9 oct. 1773

apitaine des gardes du landgrave de Hesse-
assel.

wied-Neuwied. (Réform.)

Pr. Jean-Auguste-Charles, né 26 mai 1779 ,
ccède à son père qui lui céda la régence 20
eptembre 1802.

Frère et Sœurs.

1. Philippe-Louise-Charlotte , née 11 mars
773.
2. Maximilien-Alexandre - Philippe , né 23
ept. 1782.
3. Henri-Victor, né 7 nov. 1783.
4. Charles-Émile-Frédéric - Henry , né 20
oût 1785.

Parens.

Pr. Frédéric-Charles , né 25 décembre 1741,
marié 26 janvier 1766 à Marie-Louise-Wilhel-
mine, fille de Ferdin. comte de Vitgenstein-
erlebourg.

windischgraz. (Cath.)

Pr. Alfred, né 11 mai 1784 , élevé au rang
e prince en 1803.

Frère et sœurs.

1. Thérèse, née 4 mars 1774. V. Aremberg.
2. Sophie, née 20 juin 1784. V. Lobenstein-
Vertheim.
3. Eulalie , née 28 mars 1786.
4. Églée , née 4 déc. 1788.
5. Weriand , né 23 mai 1790.

Mère.

Léopoldine Françoise, fille du duc Charles-d'Aremberg, veuve 1803 du comte Joseph-Nicolas, tutrice du prince mineur.

wirtemberg. (Luth.)

Frédéric II, né 6 nov. 1754, duc de Wirtemberg, né 23 déc. 1797, électeur 27 avril 1803, veuf 27 sept. 1788 de Augustine-Caroline-Brunswick-Wolfenbuttel, remarié 18 mai 1793 à Charlotte-Caroline-Mathilde d'Angleterre, née 29 sept. 1766.

Enfans du premier lit.

1. Frédéric-Guillaume, prince électoral, né 27 sept. 1781.

2. Paul-Charles-Frédéric-Auguste, né 19 janvier 1785.

3. Frédéric-Catherine-Sophie-Dorothée, née 2 fév. 1783.

Frères et sœurs.

1 Frédéric-Louis-Alexandre, prince de Wirtemberg, né 31 août 1756, veuf en 1796 de Marie-Anne, princesse Czartorinska, remarié 28 janvier 1797 à Henriette, princesse de Nassau-Weilbourg, née 22 avril 1788.

Fils du premier lit.

1. Adam-Charles-Guillaume-Stanislas-Eugène, né 16 janvier 1792.

Filles du second lit.

2. Thérèse-Amélie-Philippine-Louise-Wilhelmine, née 17 juin 1799.

5. Princesse N. N., née 27 février 1802.
2. Eugène-Frédéric-Henry, né 21 nov. 1758,
marié 21 janvier 1787 à Louise de Stolberg,
née 13 oct. 1764.

Enfans.

1. Frédéric-Eugène-Paul-Charles-Louis,
   8 janvier 1788.
2. Frédérique-Sophie-Louise, née 4 juin
   1789.
3. Frédéric-Paul-Guillaume, né 25 juin
   1797.

Princesse N. N., née 15 dec. 1802.
3. Sophie-Dorothée-Auguste-Louise, née 25
t, 1759. *V.* Russie.
4. Frédéric - Guillaume, né 27 déc. 1761,
eutenant-général au service du Danemarck,
marié 28 août 1800 à N. N. Rhodis de Tun-
ersfeld.

Fils.

Chrétien - Guillaume - Alexandre, né en
   déc. 1801.
5. Ferdinand-Frédéric-Auguste, né 22 oct.
763, feld-maréchal de l'empereur, comman-
ant de Vienne, marié 18 mars 1795 à Alber-
ne-Wilhelmine-Amélie, pr. de Schwarzbourg,
née 5 avril 1771.
6. Charles - Alexandre - Frédéric, né 4 juin
71, général de cavalerie au service de
ussie, marié 17 nov. 1798 à Antoinette-Er-
estine de Saxe-Cobourg.

I 3

Fille.

Antoinette - Frédérique - Auguste , né 17
sept. 1799.

7. Charles-Henry-Frédéric , né 3 juil. 1772.
Veuve du duc Charles-Eugène.

Françoise , née comtesse de Hohenheim ,
13 février 1748 , veuve 24 oct. 1793.
Veuve du duc Louis-Eugène.

Sophie-Albertine , comtesse de Béchlingen ,
née 14 déc. , 1728 , veuve 20 mai 1795.
Filles.

1 Wilhelmine-Frédérique, née 3 juil. 1764.
V. Oettingen.Wallerstein.

2. Henriette-Charlotte-Frédérique , née 11
mars 1767. *Voyez* Hohenlohe-Waldenbourg-
Bartenstein.

Ministres et Grands-Officiers de l'Empire et de la Couronne de France.

Ministère.

LL. EE.. MM.

Regnier, grand juge, ministre de la justice.

Talleyrand, ministre des relations extérieures.

Champagny, — de l'intérieur.

Gaudin , — des finances.

Barbé-Marbois, — du tresor public.

Berthier , — de la guerre.

Dejean , — directeur de l'admi. de la guerre.

Decrès , — de la marine et des colonies.

Fouché, sénateur, ministre de la police génér.
Portalis, — des cultes.
Maret, ministre et secrétaire d'état.

Grands-Officiers de l'Empire.

Maréchaux de l'Empire.

LL. EE. MM.

Berthier.	Soult.
Le Prince Murat.	Brune.
Moncey.	Lannes.
Jourdan.	Mortier.
Massena.	Ney.
Augereau.	Davoust.
Bernardotte.	Bessieres.

Kellerman,
Lefebvre,
Perignon,
Serrurier, } Sénateurs ayant titre et prérogatives de maréchaux de l'Empire.

Inspecteurs et Colonels généraux.

LL. EE. MM.

..., inspecteur-général des côtes de l'Océan.
Decrès, vice-amiral, inspecteur-général des côtes de la Méditerranée.
Songis, inspecteur-général de l'artillerie.
Marescot, inspecteur-général du génie.
Gouvion-Saint-Cyr, colonel-général des cuirassiers.
Le Pr. Eugene Beauharnois, vice-roi d'Italie, colonel-général des chasseurs et des guides de l'Empereur.
Baraguey-d'Hilliers, colon. gén. des dragons.
Canot, colonel-général des hussards.

Grands Officiers civils de la Couronne.

S. Em. Mgr. le cardinal Fesch , oncle de l'Empereur, cardinal-archevêque de Lyon, grand aumônier.

LL. EEx. MM.

Talleyrand , grand chambellan.

Duroc, grand maréchal du palais.

Caulaincourt , grand écuyer.

Le maréchal Berthier , grand veneur.

Ségur , grand maître des cérémonies.

Introducteurs des ambassadeurs, maîtres des cérémonies.

MM. de Salmatoris.

de Cramayel.

Intendant-général de la maison de l'Empereur.

M. Daru, conseiller d'état.

Trésorier-général de la couronne.

M. Esteve.

TRAITÉS DE PAIX,

les plus célèbres de l'histoire de France.

Années.

1360. De *Bretigny*, qui rend la liberté au roi Jean, prisonn. d'Edouard , depuis 4 ans.

1420. *Troyes*, par lequel l'infâme Ysabeau de Bavière détruisait la loi salique, déshéritait son fils , le dauphin , et faisait passer la couronne au roi d'Angleterre.

1435. *Arras*, par lequel Philippe-le-Bon, duc de Bourgogne, se détachant des anglais et revenant à Charles VII, assure le salut de la France.

1526. *Madrid*, qui rend la liberté à François I. prisonnier de Charles-Quint depuis la bataille de Pavie.

1529. *Cambray*, appelé la *Paix des Dames*, parce qu'elle fut conclue par Louise de Savoie, mère de François Ier, et Marguerite d'Autriche, tante de Charles-Quint.

1559. *Cateau-Cambresis*, entre la France et l'Espagne; elle fut conclue par le connétable de Montmorency, contre l'avis des Guises, qui auraient voulu poursuivre les avantages qu'on avait sur les Espagnols. Calais, Metz, Toul et Verdun nous restèrent.

1598. *Vervins*. Entre Henri IV et Philippe II, très-favorable à la France, qui prend sur la maison d'Autriche un ascendant qu'elle ne perd plus.

1631. *Quérasque*, qui assura l'héritage du duc de Mantoue, et rendit la paix au nord de l'Italie. Louis XIII y donna la loi.

1648. *Munster*, ou paix de Westphalie, qui termine la longue guerre de trente ans et devient une des bâses de la constitution germanique.

1659. *Pyrénées*. Conclu par Mazarin et dom Louis de Haro. Il valut le Roussillon, l'Artois, et beaucoup d'autres avantages à la France. Mariage de l'infante Marie Thérèse d'Autriche d'Espagne, fille de Philippe IV, avec Louis XIV.

1667. *Bréda.* Entre Louis XIV et Charles II.

1668. *Aix - la - Chapelle.* Entre la France et l'Espagne. Il assure une partie de la Flandres à Louis XIV.

1678. *Nimègue,* où Louis XIV dicte des conditions à l'Europe, la Franche-Comté reste à la France.

1697. *Riswick,* rend la paix à l'Europe, en guerre contre Louis XIV depuis neuf ans, et rétablit les choses à-peu-près comme avant la guerre.

1713. *Utrecht,* termine la guerre de la succession d'Espagne et devient une espèce de code politique pour l'Europe.

1714. *Rastadt,* conclu entre le maréchal de Villars et le prince Eugene, au nom de la France et de l'Autriche, termine entre ces deux puissances la dispute de la succession d'Espagne.

1735. *Vienne,* termine la querelle de la succession de Pologne, cause de grands changemens en Italie, procure la Lorraine à la France.

1748. *Aix-la-Chapelle,* termine la querelle au sujet de la succession d'Autriche et l'assure à Marie-Thérèse.

1761. *Fameux-Pacte de famille,* entre les branches de Bourbon de France et d'Espagne.

1763. *Versailles*, rend la paix à l'Europe troublée depuis 7 ans par une guerre presque générale sur terre et sur mer.

1783. *Paris*, termine la guerre causée par la révolution d'Amérique et assure son indépendance.

798. *Campo-Formio*, entre la France et l'Autriche, amène une paix temporaire entre ces deux puissances et sert de base au suivant.

801. *Lunéville*, termine la guerre continentale causée par la révolution française.

802. *Amiens*, entre la France et l'Angleterre; traité rompu par la perfidie et l'ambition du gouvernement Britannique.

DESCENTES mémorables faites en Angleterre depuis l'an 1066.

66. Descente de Guillaume, duc de Normandie, dans son entreprise de la conquête d'Angleterre, à Pevensey.

42. Descente de Henry II pour combattre l'usurpation d'Étienne de Blois, à Wareham.

72. Descente de Richard - Strongbow et de ses compagnons, dans leur conquête de l'Irlande.

26. Descente d'Isabelle avec son fils Édouard III, dans son entreprise séditieuse contre Édouard II, à Suffolk.

1399. Descente d'Henry de Lancastre (Henry IV) dans son entreprise contre Richard II. Yorkshire.

1483. Descente du comte de Richemont, depuis Henry VII, dans son expédition contre Richard III. Galles.

1487. Descente de Lambert Simnel, qui se donnait pour le jeune Warwick. Lancashire.

1497. Descente de Perkin - Warbeck, qui se donnait pour le jeune duc d'York, voulait renverser Henry VII. Cornwall.

1667. Les Hollandais victorieux remontent la Tamise et la Medway, brûlent des arsenaux, etc. etc. Kent.

1688. Descente de Guillaume III à Torbay, dans son expédition contre Jacques II. Dewonshire.

1689. Descente de Jacques II à Kingsale, dans son entreprise pour recouvrer la couronne. Irlande.

1690. Descente de Guillaume III à Carrick-Fergus, pour aller s'opposer à Jacques II. Irlande.

1703. Descente manquée du premier prétendant, appelé le chevalier de Saint-Georges. Est de l'Écosse.

1715. Descente du premier prétendant, connu sous le nom de chevalier de Saint-Georges. Nord de l'Écosse.

1745. Descente du second prétendant. Ouest de l'Écosse.

1796. Descente du général Hoche à Bantry-Bay. Irlande.

1797. Descente de 1,200 français à Fishguard. Galles.

1797. Descente du général Humbert à Killala. Irlande.

Lieux remarquables dans la géographie et l'histoire d'Angleterre.

Cardiff-Castle, où Robert, fils aîné de Guillaume le conquérant fut retenu 28 ans prisonnier. Galles.

Berkeley-Castle, où Édouard III fut massacré.

Pomfret-Castle, où Richard II fut massacré.

Fotheringay – Castle, où l'infortunée Marie-Stuart fut décapitée par les ordres d'Élisabeth.

Carisbroock-Castle, prison de Charles premier.

Le Chêne de la Réformation, rendu fameux par les cruautés du tanneur Ket, près Norwich.

Le Champ du Drap d'Or, célèbre par l'entrevue de Henry VIII et de François premier aux environs de Calais. France.

Le Chêne-Royal, où Charles II échappa à la poursuite de ses ennemis.

Rye-Housse, célèbre par un complot fameux contre la vie et le gouvernem. de Charles II.

K

Scone, ou les rois d'Ecosse étaient couronnés sur une pierre consacrée, qu'Édouard Ier. apporta à Londres.

Runnymède, où Jean - Sans Terre signa la grande charte.

ORDRES DE CHEVALERIE

DES DIFFÉRENTES

PUISSANCES DE L'EUROPE.

FRANCE.

Légion d'Honneur : instituée le 29 floréal l'an 10 ; elle remplace les anciens ordres chevalerie de France, tels que ceux du .-Esprit, de St.-Lazare, de St.-Michel, St.-Louis, du Mérite - Militaire, etc. ; n'y admet que les personnes d'un rare mérite ; elles qui ont rendu des services importans à état, ou qui se sont signalées par des actions morables et des traits de courage.

La décoration est une étoile à cinq rayons doubles, émaillée de blanc. Le centre de étoile entouré d'une couronne de chêne et laurier, présente d'un côté la tête de empereur, avec ces mots : *Napoléon, Empereur des Français* ; et de l'autre, l'aigle française, tenant la foudre, avec cette légende : *Honneur et Patrie.*

Les grands dignitaires de l'empire et de

l'ordre sont décorés d'un large ruban moiré rouge, qu'ils portent de l'épaule droite à la poche gauche, et au bas duquel est attachée la grande aigle : ils portent en outre une étoile brodée sur l'habit ou sur le manteau ; au milieu de cette étoile est l'aigle française, tenant la foudre ; on lit ces mots à l'entour : *Honneur et Patrie.*

Les commandans et officiers portent à la boutonnière l'aigle d'or ; les légionnaires l'aigle d'argent. Le ruban est moiré rouge.

L'empereur est chef de la Légion d'Honneur.

ANGLETERRE.

Ordre de la Jarretière : institué par Edouard III, en 1350 ; il est composé de vingt-six chevaliers, tous princes ou pairs du royaume.

Jacques VI, roi d'Ecosse, parvenu à la couronne d'Angleterre, réunit à l'ordre de la Jarretière celui du *Chardon ou St.-André d'Ecosse.*

Les chevaliers portent à la jambe gauche une jarretière de velours bleu, garnie de perles et de pierres précieuses, avec cette devise brodée : *Honni soit qui mal y pense.*

Le collier est d'or, composé de roses blanches et rouges, entrelacées de chardons.

Ordre du Bain : institué en 1399, par Henri IV d'Angleterre. Tire son nom de

obligation où les chevaliers étaient autrefois de se baigner, la veille de leur récep-
tion.

La marque de cet ordre est un cordon
rouge, porté en écharpe, au bout duquel
est attaché un anneau d'or, renfermant
trois couronnes royales en champ d'azur,
avec la devise : *Tria in unum*, et une guir-
lande qui pend au bas.

Ordre du Chardon ou de St.-André d'Ecosse:
institué en 1534, par Jacques V.

Les chevaliers portent en écharpe un ruban vert, au bout duquel pend une médaille
or, avec l'image de St. André sur un
chardon, et pour devise : *Nemo me impune
lacesset.*

Ordre de St.-Patrice: institué le 5 février
1783, pour les seigneurs irlandais seulement.

Le roi chef de ces ordres.

ESPAGNE.

Ordre du Sauveur-de-Mont-Réal : institué
en 1118, par Alphonse Ier., roi d'Arragon.

Les chevaliers portent une croix rouge,
sacrée sur le manteau.

Cet ordre possède treize commanderies
en Espagne.

Ordre de Calatrava : institué en 1158, par
Sanche III, roi de Castille.

Les chevaliers portent une croix rouge sur l'estomac. On compte cinquante - six commanderies de cet ordre en Espagne.

Ordre de St.-Jacques-de-Compostelle ou de l'Epée : fondé en 846 , par dom Ramire, roi de Castille ; mais l'époque de l'histoire ne date que de 1175, où dom Pedro Fernandez fut élu grand-maître.

Le collier de cet ordre est à trois chaînes d'or , au bout duquel pend une croix en forme d'épée , dont le pommeau est fait en cœur , et le bout de la garde en fleur-de-lys.

Les chevaliers se couvrent en chapitre, en présence du roi.

Ordre d'Alcantara ou de St.-Julien-du-Poirier : institué par Ferdinand II , roi de Léon et de Galice , en 1176, confirmé par le pape Alexandre III , en 1177.

Les chevaliers ont pour habit de cérémonie un manteau blanc , chargé sur le côté gauche d'une croix verte fleur-de-lysée.

Ordre de Notre-Dame-de-Miséricorde ou des Graces : institué à Barcelonne , en 1223 , par Jacques Ier. d'Arragon.

Les chevaliers portent sur la poitrine un écu de gueule à une croix d'argent , coupé d'Arragon et parti de Sicile , la couronne royale sur l'écu.

Ordre de Montésa : institué en 1317 , par dom Jacques II , roi d'Arragon , sur les ruines de l'ordre des Templiers. Il s'unit à celui de *Calatrava*, ainsi que l'ordre de *St.-Georges-d'Alfama*, qui avait été réuni à celui de Montésa.

Ordre de la Toison-d'Or : institué en 1429, par Philippe-le-Bon, duc de Bourgogne, porté en Espagne par Charles-Quint.

Le collier de cet ordre est d'or, émaillé de la divise de Bourgogne, et entrelacé de doubles fusils avec des pierres à feu, qui jettent des flammes; pour légende : *Ante ferit quam flamma micat.* Au bas du collier pend un mouton ou toison d'or, avec cette devise : *Prœtium non vile laborum.*

Ordre de St.-Charles : fondé en 1771, par Charles III, roi d'Espagne et des Indes. Il est distribué en deux classes, sous le titre de *chevaliers Grands-Croix et chevaliers Pensionnaires.*

Ils portent un large ruban de couleur bleu-céleste, à lisière blanche, lequel descend de l'épaule droite à la poche gauche; à l'extrémité pend une croix semblable à celle du St.-Esprit, portant d'un côté l'image de la Conception, et de l'autre le chiffre de Charles III, avec cette devise : *Virtuti et Merito.*

Les chevaliers Pensionnaires portent à la boutonnière de l'habit une croix plus petite, attachée avec un ruban de la même couleur.

Le roi chef de tous ces ordres.

PORTUGAL.

Ordre d'Avis ou d'Avia : institué en 1147, par Alphonse Henriquez Ier., confirmé par le pape Alexandre III, en 1162.

Les chevaliers portent pour habit de cérémonie un grand manteau blanc, chargé vers l'épaule gauche d'une croix de sinople fleur-de-lysée, affrontée de sable. Le ruban est vert.

Ordre du Christ : fondé en 1318, par le roi Denis Ier., confirmé en 1320, par le pape Jean XXII. Les revenus de cet ordre ont été composés des biens des Templiers.

La marque de l'ordre est une croix patriarchale, chargée d'une autre croix d'argent, attachée à un ruban rouge.

Ordre de St.-Jacques-de-l'Epée : Voyez *Espagne.*

La reine grand-maître.

NAPLES ou DEUX-SICILES.

Ordre de St.-Janvier : institué le 2 juillet 1738, par Charles III, roi des Deux-Siciles, et depuis roi d'Espagne.

Les chevaliers portent en écharpe, de la droite à la gauche, un large ruban ponceau, auquel est attachée une croix à huit pointes, émaillée de blanc et bordée d'or; sur le milieu est représenté St.-Janvier,

évêque, à demi-corps dans les nues, crossé,
mitré, et donnant la bénédiction ; à l'envers ou sur l'étoile est une couronne de
laurier, au milieu de laquelle est un livre
fermé, sur lequel sont deux phioles à moi-
ié pleine de sang, avec cette devise : *In*
anguine fœdus, qui signifie l'union est
dans le sang.

Le roi chef de l'ordre.

SUÈDE.

Ordre des Chérubins et des Séraphins : ins-
itué en 1334, par Magnus IV.

Le collier de cet ordre est composé de
hérubins, avec double chainon, et de croix
atriarchales et de sinoples, à cause de l'ar-
hevêché d'Upsal ; au bas du collier est at-
aché un oval d'azur, où il y a un nom de
ésus, et en pointe quatre clous de la pas-
ion, émaillés de blanc et de noir.

Ordre de l'Étoile-Polaire ou de l'Épée : ins-
itué en 1523, par Gustave Ier., renouvelé
ar Frédéric de Hesse, roi de Suède, mari
d'Ulrique Eléonore.

Les chevaliers portent une croix à huit
ointes, accompagnée dans chaque angle
d'une couronne de duc ; la croix surmontée
d'une couronne fermée, soutenue par deux
pées en sautoir, les pointes en bas, les
ardes d'or, les lames émaillées d'azur ; dans
u milieu une médaille d'azur à une épée en

pal, la pointe haute d'argent, montée d'or, accompagnée de trois couronnes d'or, avec ces mots pour devise : *Pro patriâ*. Le collier est composé d'épées eu sautoir, dont alternativement les pointes en haut et les pointes en bas.

Ordre de Vaza : institué en 1772, par Gustave III.

Les marques consistent en un épi d'or, entouré d'un cercle du même métal, avec cette inscription : *Gustavius III, fundator* 1772.

Les chevaliers le portent autour du col, attaché à un ruban bleu-de-mer ondoyé, les commandeurs ont un ruban de même couleur, mais beaucoup plus large, qu'ils portent de droite à gauche, et ils ont sur la poitrine une étoile d'argent, garnie d'un épi d'or.

Le roi chef de ces ordres.

DANNEMARCK.

Ordre de Dannebrog : institué en 1219, par Waldemar II, rétabli en 1672, par Christiern V.

La marque de cet ordre est une croix pattée, émaillée de blanc, chargée de onze diamans, avec ces lettres G. S. Dans les cérémonies les chevaliers prennent pour collier une chaîne composée des lettres W et C., entrelacées l'une dans l'autre, dou

...a première désigne le nom de l'instituteur,
...t la seconde celui du restaurateur.

Dans les autres jours, ils portent la croix
...u bout d'un grand ruban bordé de rouge,
...n écharpe de droite à gauche, et sur leur
...uste-au-corps une étoile brodée en argent,
...urmontée d'une croix d'argent, bordée de
...ueule, avec ces mots : *G. V. restitutor*.

Ordre de l'Eléphant : institué en 1478, par
...hristiern Ier.

La marque de cet ordre est une chaîne
...'or à laquelle pend un éléphant, émaillé
...e blanc, le dos chargé d'un château de
...ueule, maçonné de sable, le tout posé
...ir une terrasse de sinople, émaillée de
...eurs ; à la droite de l'éléphant sont cinq
...amans en croix ; et à gauche le chiffre du
...oi. Les chevaliers portent aussi un grand
...ordon bleu de droite à gauche, au bas du-
...iel pend un éléphant.

Ordre de la Fidélité : institué par Chris-
...ern VI, en 1732, pour l'anniversaire de
...n mariage.

La marque de l'ordre est une croix d'or
...ueine, émaillée de blanc, chargée en cœur
...'un écusson de gueule, écartelé au pre-
...ier et quatrième d'un lion du Nord, au
...uxième et troisième d'une aigle ; sur le
...ut, d'azur au chiffre du roi et de la reine ;
...ir le revers, cette légende : *In felicissimæ
...ionis memoriam*. Cette croix est attachée
...un grand ruban de soie bleu-turquin,

tissu d'argent sur les bords ; la croix can-
tonnée de rayons d'or.

Le roi chef de ces ordres.

RUSSIE.

Ordre de St.-André : institué en 1698, par
le czar Pierre 1er.

La marque de cet ordre est une croix de
St.-André , dans le milieu de laquelle est
un oval où sont ces mots : *Le czar Pierre ,
conservateur de la Russie.* La croix surmontée
d'une couronne , attachée au bout d'un
grand cordon blanc ; dans les autres angles ,
l'aigle de Russie éployée , celui de la pointe
chargé d'un écusson , surchargé d'un cava-
lier armé. Sur le revers est l'image de St.-
André , avec les lettres S. A. Le grand collier est une chaine d'or chargée de roses.

Ordre de Ste.-Catherine : institué en 1715,
par Pierre 1er. , pour les dames seulement.

La marque est un ruban blanc en écharpe
de droite à gauche , au bout duquel pend
une médaille enrichie de diamans , chargée
de l'image de Ste.-Catherine. Sur le côté
gauche de l'habit est une étoile en brode-
rie , au milieu de laquelle est une croix
avec cette devise : *Par l'Amour et la Fidélité
envers la Patrie.*

Ordre de St.-Alexandre-Newski : institué
par Pierre 1er. , et renouvelé en 1725, par
Catherine 1ere.

La marque est une croix rouge, carrée, au milieu de laquelle est St. - Alexandre, vêtu en guerrier, à cheval, et foulant à ces pieds un dragon. Les quatre angles sont remplis par quatre aigles éployés d'argent, et il n'y a rien au revers. L'étoile est un médaillon rond à fond d'argent, dans lequel est le chiffre en or du nom de Saint-Alexandre, surmonté d'une couronne impériale d'argent, fermée de rouge : sur la bordure rouge qui entoure le médaillon est écrit : *Pour le Service de la Patrie*. Le cordon est rouge et se met de gauche à droite.

Ordre de St.-Georges : institué en 1730. La décoration est un ruban bleu qui se porte à la boutonnière, au bas duquel pend une croix à huit pointes, sur laquelle est gravé St.-Georges, à cheval, tenant en main une épée flamboyante.

L'empereur grand-maître, trois chevaliers de première classe, neuf de la seconde, quarante-un de la troisième, et deux cent quatre-vingt-quinze de la quatrième.

Ordre de St.-Wolodimir : institué en 1782, par Catherine II. Vingt chevaliers de première classe, deux de la seconde, dix de la troisième, soixante-dix de la quatrième.

Ordre de Ste.-Anne : institué par Charles Frédéric, duc de Holstein-Gottorp, mort en 1739, père de Pierre III, empereur de Russie.

La marque de cet ordre est une croix

L

rouge, carrée, portant Ste.-Anne au milieu, et dont quatre fleurons d'or remplissent les quatre angles. A l'envers est le chiffre du nom de Ste.-Anne, surmonté d'une couronne fermée. L'étoile est un médaillon rond, fond d'or, au milieu une croix rouge, autour du médaillon est écrit *Amantibus pietatem, justitiam et fidem ;* le cordon qui se met de gauche à droite est rouge, lizeré de jaune.

L'empereur chef de ces ordres.

PRUSSE.

Ordre de l'Aigle Noir : institué en 1701 par Frédéric, premier roi de Prusse, la veille de son couronnement à Konisberg.

La marque de cet ordre est une croix d'or émaillée en bleu, et semblable à la croix de Malte. D'un côté et au milieu de la croix est un chiffre qui représente les deux premières lettres du nom du roi F. R. Les quatre angles du milieu sont occupées par autant d'aigles noirs éployés. Cette croix suspendue à un large cordon de soie, couleur d'orange, est portée par les chevaliers, de gauche à droite ; ils ont une croix en forme d'étoile, brodée en argent, sur le côté gauche ; au milieu de cette étoile est une aigle noire éployé, tenant d'une griffe une couronne de laurier, et de l'autre une foudre, avec cette légende : *Suum cuique.*

Ordre du Mérite : institué en 1740 , par Frédéric II.

La marque distinctive est une étoile d'or e figure octogone , émaillée en bleu , avec ette légende : *Pour le Mérite*. On la porte u col , attachée à un cordon noir , bordé d'argent.

Ordre de la Concorde : institué par Chré-en Ernest , margrave de Brandebourg , n 1660.

Les chevaliers portent une croix d'or à uit pointes , émaillée de blanc ; au milieu t une médaille margée de deux branches olivier , passées par deux couronnes en utoir , avec ces mots : *Concordant*. De hutre côté on lit le nom du fondateur et nnée de l'institution de l'ordre ; la croix rmontée d'une couronne électorale , est tachée à un ruban orangé.

Ordre de la Sincérité u de l'Aigle Rouge : ndé par le margrave Georges Guillaume , . 1712 , renouvelé par le margrave Fré-ric , en 1744.

Ordre de la Générosité : institué en 1185 , ur Frédérick , électeur de Brandebourg : donna à ses chevaliers une croix d'or , naillée d'azur , à huit pointes , ayant pour vise dans le milieu ce mot : *La Généro-té*. Le ruban est bleu.

Le roi chef de ces ordres.

AUTRICHE.

Ordre de la Toison d'Or : institué en 1429.
Voyez *Espagne.*

Ordre de Marie-Thérèse ou de la Croix Etoilée : fondé en 1757, par l'impératrice reine de Hongrie et de Bohême.

La marque de cet ordre est une croix pat-tée, émaillée de blanc, portant d'un côté les armes de la maison d'Autriche, autour est écrit : *Fortitudo ;* au revers une couronne de laurier sur un fond bleu, où sont écrites les lettres F. M. T. Le cordon coloré en trois parties égales, blanc au milieu, les deux côtés rouges. Le grand cordon se met de gauche à droite, et le collier est celui de la Toison d'Or.

Ordre de St.-Etienne : doit sa naissance à Marie-Thérèse. Les chevaliers qui le composent tinrent leur premier chapitre le 6 mai 1764.

Ordre de l'Amour du Prochain : institué en 1708, par l'impératrice Elisabeth-Christine.

Les chevaliers portent à la boutonnière une croix d'or à huit pointes, émaillée de blanc, au milieu de laquelle sont ces mots : *Amor proximi.* Le ruban est rouge.

L'empereur chef de ces ordres.

POUR LA BOHÊME.

Ordre de l'Etoile Rouge : institué en 1217.

ROYAUME D'ITALIE.

Ordre de la Couronne de Fer : institué en l'an 1805, par l'empereur Napoléon Ier., à l'époque de son sacre à Milan, comme roi d'Italie.

Cet ordre est composé de cinq cents chevaliers, cent commandeurs et vingt dignitaires.

La décoration de l'ordre consiste dans la représentation de la couronne lombarde, autour de laquelle sont écrits ces mots : *Dieu me l'a donnée, gare à qui y touchera.* Les chevaliers la portent en argent à la boutonnière gauche ; les commandeurs la portent en or. Les dignitaires la portent au col ou en sautoir.

Le ruban est couleur orange, avec deux lizerets verts.

L'empereur et roi grand-maître de l'ordre.

ETRURIE.

Ordre de St.-Etienne : institué en 1592, par Cosme Ier., grand duc de Toscane.

La décoration est une croix rouge à huit pointes, orlée d'or sur l'habit et sur le manteau.

ETATS DU PAPE.

Ordre de l'Eperon d'Or : institué en 1559, par le pape Pie IV.

Les chevaliers portent une croix d'or, émaillée de rouge à huit pointes, et au bas un éperon d'or.

PALATINAT et BAVIÈRE.

Ordre de St.-Hubert : institué en 1444, par le duc Gérard de Juliers, renouvelé en 1708, par l'électeur-palatin Jean Guillaume.

Les chevaliers portent une croix terragone, attachée à un cordon rouge, et un crachat sur l'habit.

Ordre de St.-Georges de l'Immaculée Conception : institué en 1729, par Charles Albert, électeur de Bavière.

Les chevaliers portent une croix à huit pointes, chargée en cœur de l'image de St.-Georges, à cheval, tuant un dragon. On lit sur le collier de l'ordre ces mots : *Fid. just. et fort.*, qui y sont arrangés alternativement entre des colonnes, surmontées d'un globe impérial, ayant pour support deux lions armés d'un sabre.

Ordre de Ste.-Elisabeth : institué pour les dames, en 1766, par l'électrice Elisabeth Auguste, du Palatinat.

Ordre du Lion : institué le 1er. de l'an

68, par l'électeur palatin Charles Théo-
re.

La décoration est un ruban blanc, large
quatre doigts, ondé et à lizières bleues,
is en écharpe de la gauche à la droite, et
bout duquel pend une croix d'or, émail-
d'azur, à flammes d'or, ayant un lion
r couronné et debout, avec l'inscription
erenti. Au revers les lettres C. T. entrela-
es, le chapeau électoral au-dessus et la
te de l'institution.

S A X E.

Ordre de St.-Henri : institué en 1738, par
prince Xavier.

Les chevaliers portent une croix d'or, fa-
nnée à l'instar de celle de Malte, émail-
de blanc sur les bords ; au milieu est un
tit écusson rond, d'une émaille jaune,
orésentant l'image de St.-Henri, debout,
irassé et orné de ses habits impériaux,
ec la légende de son nom : dans la bordure
ue qui l'entoure on lit ces mots : *Xave-
s princ. Polon. dux et administrator Saxo-
e institui* 1738. Au revers est un autre
tit écusson partagé en travers, de sable
chef et d'argent en pointe, sur lequel
nt représentés les deux glaives électoraux,
utourés d'une couronne de laurier, avec
s mots : *Virtuti in bello.*

Les chevaliers de la première et de la

deuxième classe ont une grande croix, attachée à un ruban bleu céleste, de la lar-
geur de la main, liseré couleur citron
qu'ils portent de droite à gauche, et un
étoile brodée sur l'habit.

Les chevaliers de la troisième classe portent une petite croix, attachée à la boutonnière par un ruban de la même couleur qu
le premier.

ORDRE TEUTONIQUE.

Cet ordre fut fondé vers l'an 1190, dan
la Palestine. Henri de Valpot en fut le premier grand-maître.

Ils s'établirent dans le nord de l'Alle
magne vers l'an 1230. Albert, duc de Brandebourg, renonce à la religion romaine e
à la dignité de grand-maître, pour embras-
ser le luthéranisme ; il s'empare des princi
pales possessions de l'ordre, et se crée un
souveraineté en 1525, sous le titre *de duc o*
Prusse.

Les chevaliers qui restèrent fidèles à leu
premier serment, se retirèrent à Marien
thal, où ils élurent un nouveau grand
maître ; de cette manière l'ordre se soutint
mais avec bien moins de richesses et d
splendeur qu'auparavant.

La marque de l'ordre est une croix po
tencée de sable, chargée d'une croix fleur
delysée d'or, surchargée en cœur d'u

usson d'or, à l'aigle éployé de sable,
ecqué, membré de gueules. La croix de
ble fut donnée à l'ordre par l'empereur
enri VI ; la croix d'or par Jean de Lusi-
nan, roi de Jérusalem ; l'aigle impérial
r l'empereur Frédérick II ; et les fleurs-
-lys par le roi St.-Louis. Cette croix est
tachée à une chaine d'or.

ORDRE DE MALTE.

Cet ordre fut fondé en 1099, à Jérusa-
m, par Gérard de Martigues. Il prit de
accroissement en 1104, sous le règne de
audouin Ier. Les papes confirmèrent les
atuts de l'ordre par différentes bulles.

Le redoutable Saladin s'étant emparé de
rusalem et de toute la Palestine, les che-
liers se retirèrent à Margat, puis à Acre,
'ils défendirent, avec valeur, l'an 1290.
près la perte de cette ville, Jean de Lu-
gnan leur offrit celle de Limisson, qu'il
ur donna en toute propriété, ils y de-
eurèrent dix-huit ans ; et l'an 1310,
ns la conduite du grand-maitre Foulques
Villaret, ils conquirent l'isle de
hodes, où ils s'établirent. Mahomet II
ssiégea inutilement en 1480. Mais Soli-
an II ayant réuni une armée considérable,
prit en 1522. Le grand-maitre Villiers,
l'isle Adam, se retira en Candie, avec
s chevaliers et quatre mille habitans qui

(136)

voulurent suivre son sort. Le pape Adrien VI donna aux chevaliers la ville de Viterbe; six ans après, c'est-à-dire, en 1530, ils s'établirent dans l'isle de Malte, dont ils portent le nom, et qu'ils possèdent encore aujourd'hui.

Les grands-maîtres de l'ordre de Malte se sont particulièrement distingués par leur valeur et par leurs vertus civiles et religieuses.

Les chevaliers portent à la boutonnière une croix d'or émaillée de blanc, attachée à un ruban noir. La croix est à huit pointes, quatre fleurs-de-lys dans les angles.

TABLEAU STATISTIQUE

DES DIFFÉRENTES

PUISSANCES DE L'EUROPE,

ET

at de comparaison de leurs Monnaies
avec celles de France.

FRANCE.

Étendue : lieues carrées.   32,500.
Population.   36,000,000.
Revenu , en francs.   700,000,000.
Armée : troupes régulières, bien discipli-
nés , qui ont vaincu toutes celles de l'Europe , liguée contre la France.   620,000.
La marine de France presqu'anéantie
pendant sa funeste révolution , se relève
aujourd'hui avec éclat , et déjà l'Angleterre
tremble pour ses possessions de l'Inde et de
l'Amérique.

MONNAIES.

	Valeur en francs	
Double napoléon,	40 f.	» c
Napoléon,	20	»
Demi-napoléon,	10	»
Pièce de	5	»
----- de	2	»
----- de	1	»
----- de	»	50
----- de	»	10
----- de	»	5
----- de	»	1

Monnaie ancienne en livres tournois.

Quadruple de	96 l.	94 f.	81 c.	4?
Double louis de	48	47	40	7
Louis de	24	23	70	3
Demi-louis de	12	11	85	1
Ecu de	6	5	92	5
---- de	3	2	96	2
Pièce de	1 l. 4 s.	1	18	4
------ de	» 12	»	59	2
------ de	» 6	»	29	6
------ de	» 2	»	9	8
------ de	» 1	»	4	9
------ de	» l. » s. 3 d.	»	»	2
------ de billon de »	1 6	»	7	4

ANGLETERRE.

Etendue : lieues carrées ,	14,000.
Population ,	13,000,000.
Revenu ,	600,000,000.
Armées de terre et de mer , troupes régu-	
lières et milices ,	190,000.
Vaisseaux de ligne ,	165.
Frégates ,	330.

MONNAIES.

Monnaie de France.

La guinée de 21 schillings ,	25 f.	80 c.
Le crown ,	6	18
Le schelling ,	1	22
Le half-penny ,	»	5

Monnaie de compte.

La livre sterling ,	24	76
Le sol *idem* ,	1	24
Le denier *idem* ,	»	10

ESPAGNE.

Etendue : lieues carrées ,	18,000.
Population ,	10,000,000.
Revenu ,	340,000,000.
Armée ,	110,000.
Vaisseaux de ligne ,	85.

M

MONNAIES.

	Monnaie de France.
Ecu d'or ancien,	10 f. 12 c.
Piastre *idem*,	5 6
Piastre depuis 1772,	5 53
Pesetas à quatre réaux,	1 15
Réal nuévo à deux réaux,	» 50
----- de veillon,	» 27

PORTUGAL.

Etendue : lieues carrées,	3,600.
Population,	3,000,000.
Revenu,	80,000,000.
Armée,	25,000.
Vaisseaux de ligne,	14.
Frégates,	10.

MONNAIES.

	Monnaie de France.
Pièce de 1723,	8 f. 52 c.
----- de mille rées,	6 10
Crusade de 480 rées,	2 93
-------- neuve de 1750,	3 5
Pièce de douze vinteins,	1 52
Teston de 1702,	» 71

NAPLES.

Etendue : lieues carrées,	4,700.
Population,	6,000,000.

Revenu ,	38,000,000.
Armée ,	40,000.
Vaisseaux de ligne ,	7.
Frégates ,	11.

MONNAIES.

Monnaie de France.

Pièce de six ducats ,	26 f. 82 c.
Scudo de 1784 , à 120 grani ,	5	12
Ducato de *idem* , à 100 grani ,	4	27
Taro ,	»	85
Carlino ,	»	43

SUÈDE.

Etendue : lieues carrées ,	27,000.
Population ,	2,800,000.
Revenu ,	40,000,000.
Armée ,	45,000.

Marine . autrefois ce prince pouvait équi-
er de 35 à 40 vaisseaux de ligne ; mais de-
uis nombre d'années , ses chantiers sont
ans un tel délabrement , que c'est beau-
oup de lui en accorder   20.
Frégates ,   20.

MONNAIES.

Monnaie de France.

Ducat d'or ,	11 f. 70 c. » m.
Species daler à 48 schellings ,	5	79	»
Thaler courrant ,	3	80	»
-------- d'argent ,	2	67	»

Ploete,   5f. 38c. »m.
Stuver d'argent ,   »   10   5
Oer ,   »   7   »
Carolin ,   1   33   »

DANNEMARCK.

Etendue : lieues carrées ,   18,000.
Population ,   2,600,000.
Revenu ,   40,000,000.
Armée ,   70,000.
Vaisseaux de ligne ,   25.
Frégates ,   15.

MONNAIES.

Monnaie de France.

Ducat d'or ,   9 f. 78 c.
Rixdales , depuis 1749 ,   4   63
Spécies reichsthaler ,   5   69
Marc de lubeck ou marc lubs ,   1   55
Marc danois ,   »   77

RUSSIE.

Etendue : lieues carrées ,   820,000.
Population ,   28,000,000.
Revenu ,   248,000,000.
Armée ,   350,000.
Vaisseaux de ligne ,   45.
Frégates ,   35.

MONNAIES.

Monnaie de France.

Impériale,	41f.	» c.	» m.
Ducat,	11	85	»
Rouble de 100 kopecks,	4	9	»
Grosche,	1	»	»
Kopeck,	»	4	2

PRUSSE.

Etendue : lieues carrées,	15,000.
Population,	8,000,000.
Revenu,	120,000,000.
Armée,	225,000.

MONNAIES.

Monnaie de France.

Frédérick d'or,	20 f.	78 c.
Reichsthaler ou écu,	3	76
Florin de brandebourg,	2	51
Groschen ou bon gros,	»	15

AUTRICHE.

Etendue : lieues carrées,	37,000.
Population,	26,000,000.
Revenu,	400,000,000.
Armée,	300,000.

MONNAIES.

	Monnaie de France.
Ducat d'or,	10f. 54c. »m.
Spécies reichsthaler,	5 27 »
Florin ou goulde,	2 63 »
Vingt-un 3/4 creutzers,	1 » »
Un creutzer,	» 4 6

Monnaie ancienne de Venise.

Sequin d'or,	12 54 »
Ducat *idem*,	7 49 »
------ d'argent,	4 24 »
Ecu à la croix,	6 55 »
La justine,	5 72 »
Trairo,	2 27 »
Trente-huit sous de Venise,	1 » »

ROYAUME D'ITALIE.

Etendue : lieues carrées,	1,600.
Population,	4,000,000.
Revenu,	18,000,000.
Armée,	12,000.

MONNAIES.

	Monnaie de France.
L'écu,	4f. 66c. »m.
Le philippe,	5 95 »
La pistole de change,	19 60 »
La livre impériale,	1 10 »
Le sol impérial,	» 5 5

La livre courrante ,   »f. 78c. »m.
Le sol courrant ,   »   3 8

ETRURIE.

Etendue : lieues carrées ,	800.
Population ,	1,200,000.
Revenu ,	13,000,000.
Armée ,	7,000.

MONNAIES.

	Monnaie de France.	
Rouspone ,	33 f.	80 c.
Sequin d'or ,	11	89
Ecu d'or ,	5	92
Ducat ,	5	76
Piastre ,	4	74
Livre ,	»	82
Sol ,	»	4

ETATS DU PAPE.

Etendue : lieues carrées ,	1,200.
Population ,	1,800,000.
Revenu ,	18,000,000.
Armée ,	7,000.

MONNAIES.

	Monnaie de France.	
Sequin romain d'or ,	11 f.	63 c.
Quartini ,	2	90
Scudo ,	5	53

Testono ,	1 f.	66 c.
Papeto ,	1	11
Paolo ,	2	55

RÉPUBLIQUE BATAVE.

Etendue : lieues carrées ,	1,000.
Population ,	2,000,000.
Revenu ,	70,000,000.
Armée ,	43,000.
Vaisseaux ,	40.

MONNAIES.

	Monnaie de France.	
Ruider d'or ,	31 f.	41 c.
Ducat d'or ,	11	81
Daler ,	5	22
Oewendaler ,	4	59
Florin ,	2	17
Daalder ,	3	24

RÉPUBLIQUE HELVÉTIQUE.

Etendue : lieues carrées ,	2,000.
Population ,	1,700,000.
Revenu ,	20,000,000.
Armée ,	24,000.

MONNAIES.

	Monnaie de France.	
Ducat de Basle ,	10 f.	46 c.
Ducat de Berne ,	10	48

Ecu de Basle à trente batzs ,   4 f. 44 c.
Florin de Basle à quinze batzs ,   2   22
Franc de Berne à dix batzs ,   1   53
Ecu de Zurich à deux florins ,   4   78
Florin de Zurich à 40 schellings,   2   39
Piéce de cinq batzs d'Uri ,   »   73

TURQUIE.

Etendue : lieues carrées ,   100,000.
Population ,   22,000,000.
Revenu ,   220,000,000.
Armée ,   220,000.
Vaisseaux de ligne ,   40.

MONNAIES..

Monnaie de France.

Sequin neuf zeremaboub ,   7 f. 53 c.
------- fondronckli ,   9   78
Juspara à deux 1/2 piastres ,   3   42
Piastre à quarante paras ,   2   1
Para ,.   »   5
Caragrouch ,   2   96
Zinzestis constantinople ,   10   32
Piastre de change ,   2   96
Zabra ,   »   22

AUSBOURG , ville impériale.

MONNAIES.

Monnaie de France.

La rixdale de change ,   3 f. 95 c. » n.

Le florin de quinze batze , 2f.63c.3m.
La batz de quatre creutzers , » 17 6
Le creutzer de quatre penings, » 4 4
Le pennings de deux hallers , » 1 1

HAMBOURG , ville impériale.

MONNAIES RÉELLES.

Monnaie de France.

La rixdale d'or ,   10f.97c.»m.
---------- d'argent ,   5   77   »
La pièce d'un marc , de 1731 , 1 53   »

Monnaies de change.

La rixdale ,   5   27   »
Le déalder ,   3   53   »
La livre de vingt sols de gros, 15 20   »
Le sol de gros de douze deniers, 1 76   »
Le denier de gros ,   1   6   3

LEIPSICK.

MONNAIES RÉELLES.

Monnaie de France.

Ducat de Leipsick , de 1754 ,   11f.17c.»m.
----- de Saxe ,   11   3   »
Auguste double ,   38 96   »
Florin de Dresde , de 1755 ,   2   87   »
--- de Frédéric Auguste, 1698, 2 83   »
Ancien florin de 1690 ,   2   84   »

Pièce de 32 gros de 1755, 4f.92c.»m.
La même de Dresde, de 1754, 5 82 »

Monnaie de change.

La rixdale ,	3	95	»
Le selver gros ,	»	16	4
Le fennin ,	»	1	1

NUREMBERG , ville impériale.

MONNAIES.

Monnaie de France.

La rixdale de change ,	3f.	95c.	»m.
Le florin ,	2	63	3
Le schelin ,	»	13	1
Le creutzer ,	»	4	4
L'écu d'empire ,	5	27	»
Demi-écu d'empire ,	2	63	5
Le fennin .	»	1	1

FRANCFORT-SUR-LE-MEIN, ville impériale.

MONNAIES.

Monnaie de France.

Carolin de neuf 1/2 florins, or ,	25f.	86c.
Auguste d'or de sept 1/2 florins,	20	85
Max d'or de 6 1/3 de florins ,	17	24
Ducat de quatre 3/10 de florins ,	11	85
Flosien d'or de trois 1/6 florins ,	8	62
Rixdale de change ,	3	95
Florin *idem* ,	2	63

Batz de change,   »f. 17»
Creutzer *idem* ,   » 4

KOENIGSBERG.

MONNAIES.

	Monnaie de France.
Ducat d'or ,	12f. 45c.
——— de Dantzitck,	8 30
Dealider ,	2 76
Rixdale de change ,	3 76
Florin *idem* ,	1 25
Groschen *idem* ,	» 4

DANTZIG.

MONNAIES.

	Monnaie de France.
Florin de compte ,	»f. 94c.
Groschen *idem* ,	» 3

BRÉMEN , ville impériale.

MONNAIES,

	Monnaie de France.
Rixdale de compte ,	3f. 95
Marc double de seize lubs ,	2 63
Sol lubs d'un 1/2 gros ,	» 16
Gros ,	» 1

DE L'ALLEMAGNE

ET

DÛ CORPS GERMANIQUE.

L'EMPEREUR MAXIMILIEN Ier., divisa 'empire d'Allemagne en dix cercles, qui toient :

L'Autriche.
La Bourgogne.
Le Bas-Rhin.
La Bavière.
La Haute-Saxe.
La Franconie.
La Souabe.
Le Haut-Rhin.
La Westphalie.
La Basse-Saxe.

La nomenclature et le nombre de ces ercles (celui de Bourgogne excepté) sont encore les mêmes aujourd'hui.

Le royaume de Bohême n'est d'aucun ercle, il est cependant en Allemagne et a deuxième des électorats.

N

CORPS GERMANIQUE.

Les états souverains, dont la réunion forme le corps politique, appelé empire, se divisent en trois classes ou collèges.

Le premier est celui des électeurs.

Charles IV de la maison de Luxembourg, en avait fixé le nombre à sept, par la célèbre bulle d'or, en 1356 ; ces électeurs étaient :

1. L'archevêque de Mayence, archi-chancelier d'Allemagne.

2. L'archevêque de Cologne, archi-chancelier d'Italie.

3. L'archevêque de Trèves, archi-chancelier d'Arles.

4. Le roi de Bohême, grand-échanson.

5. Le comte Palatin, grand-sénéchal.

6. Le duc de Saxe, grand-maréchal.

7. Le margrave de Brandebourg, grand-chambellan.

Ce nombre de sept fut porté à neuf par la création

De l'électorat de Bavière, en 1648 ;

De l'électorat d'Hanovre, en 1692.

Les états d'Allemagne ayant subi de grands changemens dans la dernière guerre, les électorats

De Mayence,

De Cologne,

De Trèves,

Furent supprimés, et le collège des électeurs se reconstitua de la manière suivante :

1. L'électeur, archi-chancelier. Seul électeur ecclésiastique.
2. L'électeur, roi de Bohême.
3. L'électeur, comte Palatin-Bavière.
4. L'électeur de Saxe.
5. L'électeur de Brandebourg, roi de
Prusse.
6. L'électeur d'Hanovre, roi d'Angleterre.
7. L'électeur de Salzbourg.
8. L'électeur, margrave de Bade.
9. L'électeur, duc de Wirtemberg.
10. L'électeur, landgrave de Hesse-Cassel.
Les trois derniers alternent pour le rang.

Au collège des électeurs seul appartient
le droit d'élire l'empereur.

Les électeurs sont considérés comme les
conseillers intimes et nécessaires de l'empereur, qui ne peut rien arrêter sans leur
concours ni leur consentement, sur ce qui
regarde la guerre ou la paix, les alliances,
en un mot, tout ce qui concerne les intérêts
ou la sûreté de l'empire ; ils sont liés entre
eux pour la conservation de leurs droits et
prérogatives.

COLLÈGE DES PRINCES.

Le collège des princes se compose de ceux
qui possèdent une souveraineté ou terre

immédiate, donnant droit de députation à
la Diète : la dignité de prince de l'empire
n'est pas un titre suffisant, attendu que les
voix se comptent par états et non par indi-
vidus.

Les princes concourent par leurs votes à
la formation des lois générales et réglémen-
taires, et à tous les actes importans qui con-
cernent la police de l'empire et intéressent
sa sûreté.

Ce collège était, avant 1803, divisé en
deux bancs, celui des princes ecclésiastiques
et celui des princes séculiers ; le premier
ayant été entièrement supprimé, par suite
du traité de Lunéville ; celui des princes
séculiers a été augmenté de dix-huit nou-
velles voix.

Les derniers arrangemens pris sous la
médiation de la France et de la Russie, ont
porté le nombre des votes, dans le collège
des princes, à cent trente-un, qui sont pos-
sédés par les les maisons ci-après :

Autriche,	12.
Prusse,	13.
Bavière,	13.
Brunswick,	10.
Saxe,	10.
Hesse,	7.
Nassau,	6.
Wirtemberg,	5.
Mecklembourg,	5.
Hohenlohe,	3.

Bade ,	6.
Archi-chancelier ,	2.
La Tour-Taxis ,	2.
Dettingen ,	2.
Schwartzemberg ,	2.
Furstemberg ,	2.
Salm ,	2.
Hohenzollern ,	2.
Holstein ,	4.
Ligue ,	1.
Les comtes de Souabe ,	1.
Malte ,	1.
Ordre Teutonique ,	1.
Suède ,	1.
Anhalt ,	1.
Lobkowitz ,	1.
Dietrichten ,	1.
Aremberg ,	1.
Aversberg ,	1.
Lichtenstein ,	1.
Schwarstzbourg ,	1.
Waldeck ,	1.
Lawenstein ,	1.
Solms ,	1.
Ænbourg ,	1.
Aunitz ,	1.
Reuss ,	1.
Linange ,	1.
Looz ,	1.
Les comtes de Vettéravie ,	1.
Les comtes de Franconie ,	11
Les comtes de Westphalie ,	1.

COLLÈGE DES VILLES IMPÉRIALES.

On appelle villes impériales celles qui se gouvernant par elles-mêmes en forme de républiques , dépendent immédiatement et uniquement du corps germanique , dont elles font partie. Le nombre de ces villes fut autrefois très-considérable, on en comptait encore cinquante-deux à la fin du dix-septième siècle ; mais les derniers arrangemens en ont réduit le nombre à *six* , qui sont :

1. *Ausbourg* , dans le cercle de Souabe.
2. *Lubeck* , dans le cercle de Basse-Saxe.
3. *Nuremberg* , dans le cercle de Franconie.
4. *Francfort ;* sur le Mein , dans le cercle du Haut-Rhin.
5. *Bremen* , dans le cercle de Basse-Saxe.
6. *Hambourg* , dans le même cercle.

Les autres ont été données en indemnité à différens princes d'Allemagne , excepté quatre d'entr'elles qui ont été réunies à la France.

Les villes impériales conservées doivent , désormais , jouir d'une neutralité absolue , même dans les guerres de l'empire.

Ratisbonne , dans le cercle de Bavière , comme siége *de la Diète ;* et *Vetzlar* , dans le cercle du Haut-Rhin , comme siége *de la chambre impériale* , jouissent de la même eutralité, et sont sous la protection imméiate de l'empire.

SUR ROME,

RELIGIEUSE.

LE Pape est souverain dans ses états ; il
exerce, quant au spirituel, une certaine
autorité, une certaine influence sur le clergé
es autres nations, chez lesquelles la reliion romaine est en pratique.

Les cardinaux sont des prélats choisis par
le souverain pontife, parmi les membres
les plus distingués, les plus méritans du
clergé universel, pour composer au pape,
un conseil, un sénat, qui prend le titre de
sacré collège.

Le sacré collège est divisé en trois ordres ;
1°. celui des cardinaux-évêques, qui prenent le titre de leurs évêchés (le cardinal-
évêque d'Ostie a le premier rang et la prérogative de consacrer le pape); 2°. celui
es cardinaux-prêtres ; 3°. et enfin celui des
cardinaux-diacres et sous-diacres ; chaque

cardinal-prêtre ou diacre prend son titre d'une église de Rome. L'épiscopat n'est pas incompatible avec la qualité de cardinal-prêtre ; tous nos cardinaux français sont archevêques ou évêques, et n'ont cependant que le rang de prêtres dans le sacré collège.

Le nombre des cardinaux qui a varié pendant long-tems, parait devoir être fixé à soixante-dix.

On leur donne le titre *d'éminence* et de *prince* de l'église romaine.

Les cardinaux ont le droit exclusif d'élire le souverain pontife.

Le lieu où se tient l'assemblée d'élection est dans le palais du Vatican, et s'appelle *conclave* ; (*) 10 jours après la mort du pape, les cardinaux entrent au conclave, et ne peuvent plus en sortir que l'élection ne soit consommée.

Les avenues du palais sont gardées avec la plus grande exactitude : les issues du conclave sont mûrées, ainsi que les arcades ou portique : chaque cardinal a une cellule particulière et deux conclavistes, c'est-à-dire, deux personnes pour lui faire compagnie : on passe le manger et les choses nécessaires aux cardinaux et aux conclavistes par des

(*) On appelle aussi *conclave*, l'assemblée des cardinaux qui procèdent à l'élection du pape.

...rs , comme ceux des couvens. Il y a une ...t être dans la grande porte , par laquelle ...donne audience aux ambassadeurs étran-...s , à travers un rideau toujours fermé. ...son d'une cloche annonce que les cardi-...ux sont en conclave , et dès-lors on pro-...e par la voie du scrutin à l'élection du ...e; il feut les deux tiers des suffrages ...r conclure l'élection.

...i les cardinaux étrangers voient qu'un ...dinal , dont sa cour n'approuverait point ...omination , est au moment d'obtenir les ...rages , ils doivent le dire , avant que le ...bre soit complet ; sans quoi l'élection ...it consommée.

...a France a donné à l'église quinze sou-...ins pontifes , dont les noms suivent :

...ylvestre II. De la famille Gerbert , né en ...ergne , précepteur du roi Robert , ar-...vêque de Rheims , puis de Ravenne , élu ...e en 999.

...rbain II. Eudes de Lageri , de Châtillon-...Marne , religieux de Cluny , créé cardi-...par Grégoire VII; évêque d'Ostie , élu ...e en 1088.

...lixte II. Guy des comtes de Bourgogne, ...evêque de Vienne , élu pape en 111.

...rbain IV. Jacques Pantaléon , de Troyes, ...que de Verdun , élu pape en 1261.

Clément IV. Gui le gros, de St.-Gilles, en Languedoc, évêque du Puy, archevêque de Narbonne, élu pape en 1265.

Innocent V. Pierre Detarentaise, religieux dominicain, archevêque de Lyon, élu pape en 1276.

Martin IV. Simon de Brie, trésorier, de St.-Martin-de-Tours, élu pape en 1281.

Clément V. Bertrand de Got, né en Gascogne, archevêque de Bordeaux, élu pape en 1305. Célèbre par l'abolition de l'ordre des Templiers.

Jean XXII. Jacques d'Ossa ou d'Euse de Cahors, évêque de Fréjus, archevêque d'Avignon, élu pape en 1316.

Benoit XII. Jacques Fournier, de Saverdun, religieux de Citeaux, évêque de Pamiers, élu pape en 1334.

Clément VI. Pierre Rogier, évêque d'Arras, archevêque de Rouen, ensuite de Sens, élu pape en 1342.

Innocent VI. Etienne Albert, évêque d Clermont, élu pape en 1352.

Urbain V. Guillaume de Grisac, né dan le Géraudan, élu pape en 1362.

Grégoire XI. Pierre Rogier, neveu du pape Clément VI, élu pape en 1370.

Clément VII. Robert de Genève, évêque de Cambray, élu pape en 1379.

CHANGEMENS SURVENUS

PENDANT L'IMPRESSION.

Mort de M*r*. de *Tommasi*, Grand-Maître de Malthe; élection de M*r*. de *Caraccioli* à cette dignité.

Mort du Prince régnant de *Hohenlohe-Neuenstein.*

A V I S.

Cet ouvrage sera porté à sa perfection l'année prochaine; l'auteur a pris toutes les mesures pour atteindre ce but. Les noms des princes étrangers seront écrits avec toute l'exactitude qu'on a droit d'exiger..

Adresser les observations à l'Auteur, rue d'Orléans-Saint-Honoré, N.º 28; affranchir les lettres.

N. B. L'ARMORIAL GÉNÉRAL des Maisons souveraines, Princes et Princesses des quatre parties du monde, paraîtra dans le courant de l'année 1806.

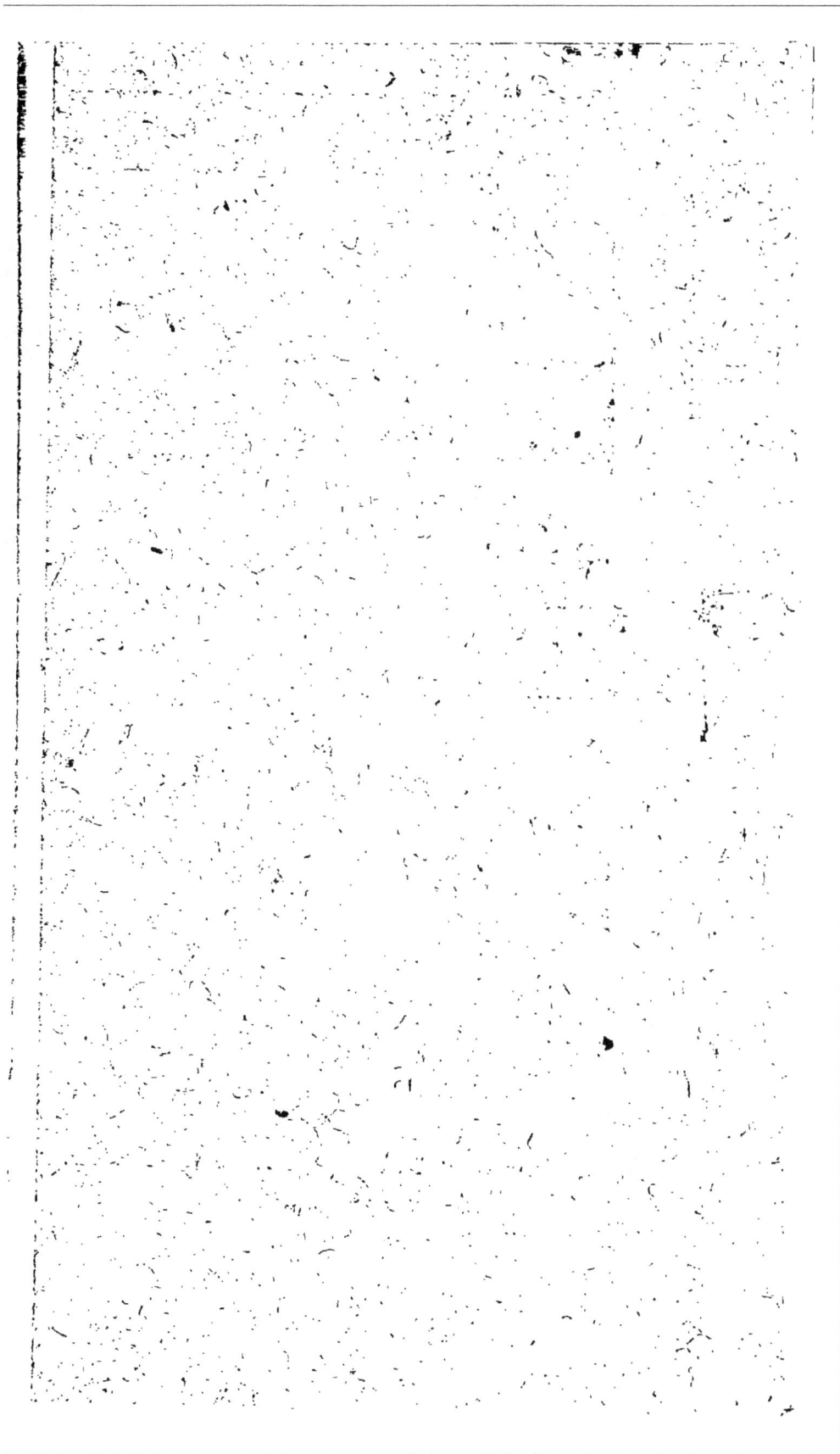

Cet Ouvrage paraîtra chaque année, sous le titre d'*Almanach Généalogique des Maisons Souveraines, Princes et Princesses de l'Europe.*

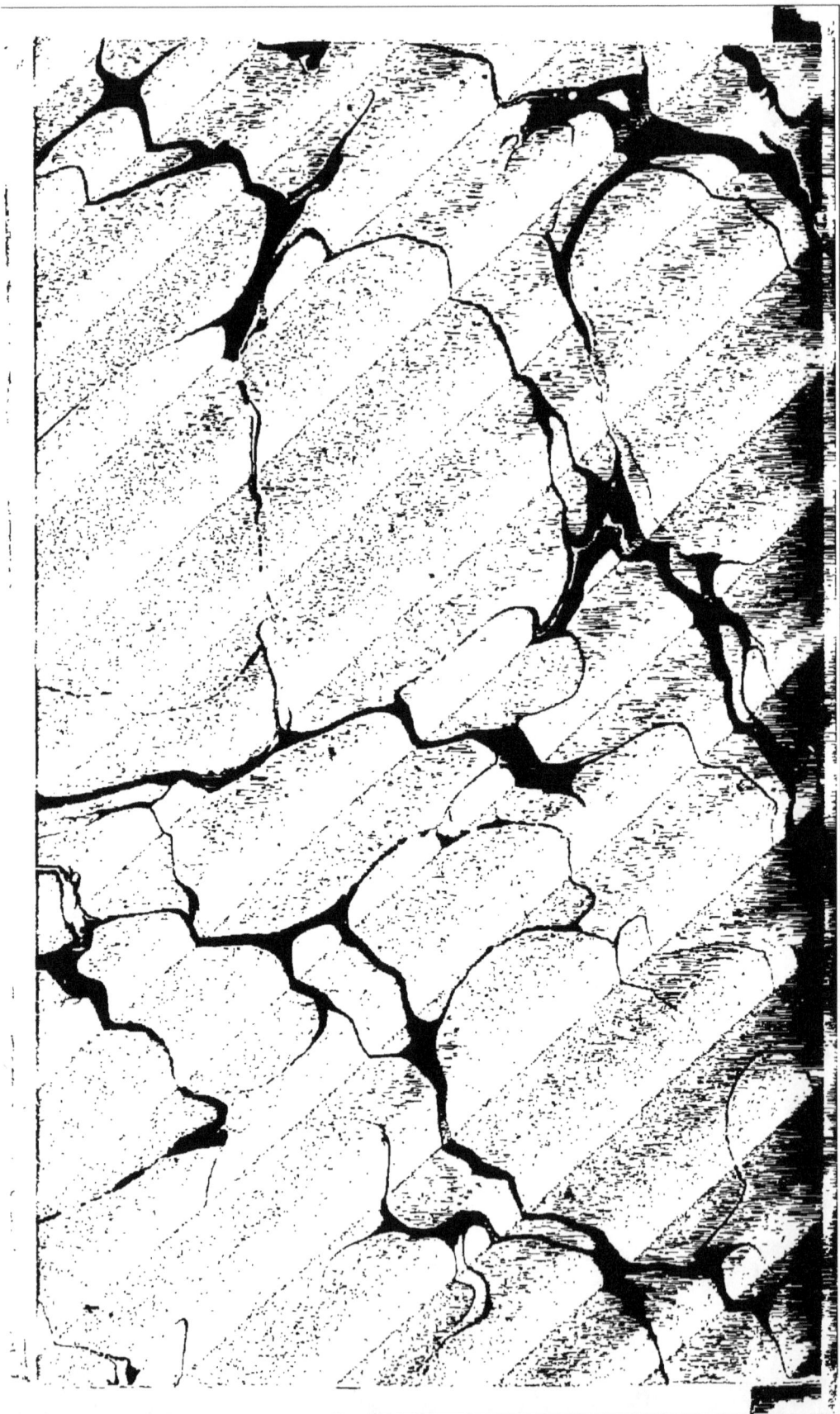

www.ingramcontent.com/pod-product-compliance
Lightning Source LLC
Chambersburg PA
CBHW072046080426
42733CB00010B/2008